人文社科
高校学术研究论著丛刊

现代实用文体翻译教程

曾屹君 著

中国书籍出版社
China Book Press

图书在版编目（CIP）数据

现代实用文体翻译教程 / 曾屹君著 . -- 北京 : 中国书籍出版社 , 2022.3

ISBN 978-7-5068-8954-4

Ⅰ.①现… Ⅱ.①曾… Ⅲ.①翻译 – 研究 Ⅳ.① H059

中国版本图书馆 CIP 数据核字（2022）第 040220 号

现代实用文体翻译教程

曾屹君　著

丛书策划	谭　鹏　武　斌
责任编辑	毕　磊
责任印制	孙马飞　马　芝
封面设计	东方美迪
出版发行	中国书籍出版社
地　　址	北京市丰台区三路居路 97 号（邮编：100073）
电　　话	（010）52257143（总编室）　（010）52257140（发行部）
电子邮箱	eo@chinabp.com.cn
经　　销	全国新华书店
印　　厂	三河市德贤弘印务有限公司
开　　本	710 毫米 ×1000 毫米　1/16
字　　数	214 千字
印　　张	13.5
版　　次	2023 年 1 月第 1 版
印　　次	2023 年 1 月第 1 次印刷
书　　号	ISBN 978-7-5068-8954-4
定　　价	72.00

版权所有　翻印必究

目 录

第一章　英汉翻译基础 …………………………………………… 1
　　第一节　翻译的内涵 ………………………………………… 1
　　第二节　翻译的标准与过程 ………………………………… 6
　　第三节　翻译理论及翻译技巧 ……………………………… 14
第二章　英语商务文体翻译 ……………………………………… 34
　　第一节　商务文体概述 ……………………………………… 34
　　第二节　英语商务文体的语言特征 ………………………… 38
　　第三节　英语商务文体的翻译原则与技巧 ………………… 39
第三章　英语广告文体翻译 ……………………………………… 56
　　第一节　广告文体概述 ……………………………………… 56
　　第二节　英语广告文体的语言特征 ………………………… 61
　　第三节　英语广告文体的翻译原则与技巧 ………………… 70
第四章　英语旅游文体翻译 ……………………………………… 80
　　第一节　旅游文体概述 ……………………………………… 80
　　第二节　英语旅游文体的语言特征 ………………………… 84
　　第三节　英语旅游文体的翻译原则与技巧 ………………… 87
第五章　英语新闻文体翻译 ……………………………………… 97
　　第一节　新闻文体概述 ……………………………………… 97
　　第二节　英语新闻文体的语言特征 ………………………… 103
　　第三节　英语新闻文体的翻译原则与技巧 ………………… 109
第六章　英语影视文体翻译 ……………………………………… 119
　　第一节　影视文体概述 ……………………………………… 119
　　第二节　英语影视文体的语言特征 ………………………… 122

第三节　英语影视文体的翻译原则与技巧…………………… 128

第七章　英语科技文体翻译…………………………………… 149
　　第一节　科技文体概述…………………………………………… 149
　　第二节　英语科技文体的语言特征……………………………… 158
　　第三节　英语科技文体的翻译原则与技巧…………………… 169

第八章　英语文学文体翻译…………………………………… 181
　　第一节　文学文体概述…………………………………………… 181
　　第二节　英语文学文体的语言特征……………………………… 184
　　第三节　英语文学文体的翻译原则与技巧…………………… 185

参考文献……………………………………………………………… 203

第一章　英汉翻译基础

[本章要点]

要学习和研究翻译,首先应该弄清楚英汉翻译的基础,包括翻译的内涵、标准、过程、翻译理论与翻译技巧。只有了解了这些基本的知识,译者才能在生活和工作中,尤其是对新闻报道、广告文书、合同文件、商务信函等进行恰当的翻译。本章作为开篇,主要讲述这些知识。

[学习目标]

(1)初步了解一些国内外学者对翻译的界定,分析其性质。
(2)掌握翻译的特点、分类、标准与过程。
(3)明确在翻译工作中译者应该熟知的翻译理论与翻译技巧。

第一节　翻译的内涵

一、翻译及其本质

翻译学是一门跨学科的综合性学科,它涉及的许多相邻学科便成为研究翻译的多种途径。译者源语理解能力强,译语驾驭能力强,那么他对翻译本质的认识就越深刻。[①]但这种对翻译本质的认识都必须建立在一定的翻译意图基础之上。我们知道,任何作者都有自己写作的意图、表达的主题,以及实现写作意图、完成表达主题的手段。"意图"和"主题",也就是通常所说的主要内容(即下文所说的理事、情象)。"手段"

---

① 颜林海.英汉互译教程[M].北京:科学出版社,2015:1.

就是形式(即下文所说的音字句篇)。同样,任何译者也都有翻译意图以及实现意图的手段。这里的翻译意图既可以是指译者自己的意图,也可以是以作者的写作意图为自己的翻译意图。在写作过程中,意图和主题对作者具有操控作用;同样,在翻译过程中翻译意图对译者具有操控作用。关于怎样用译语来实现作者的意图、表达原作的主题,不同的译者往往有不同的看法。正因为不同的译者有不同的看法,从而决定了译者对其他翻译要素的态度。因此,翻译本质在翻译的要素中占有极其重要的地位。

翻译的本质是译其心、译其意。要译其心、译其意就必须首先获其心、获其意,而获其心、获其意的方法有三种:分析研究、与作者沟通、切身体验。

(一)分析研究

分析研究,包括精研细读和知人论世。精研细读要求译者对所译文本的语音、字词、句式、篇章加以精细的研究分析,明确作者措辞的用意和目的以及表达的内容和情感。

知人论世是中国古代的文学批评的原则和方法,其目的是要求人们客观地理解文本及作者的意图,避免误读。

翻译中的知人论世,是指译者在翻译过程中对文本所涉及的人名、地名等相关信息加以综合分析,包括如下几点。

(1)对作者的生平、历史背景和总体写作风格的了解。

(2)对所译原文的意图和风格的了解。

(3)对作品中涉及的人物(包括虚拟人物、真实人物)、地名(包括真实地名和虚拟地名)等的了解。

(4)对事件(包括真实事件和虚拟事件)等的了解。

(5)对所用字词的字形、词源的了解。

(6)对译文意象、典故的了解。

(二)与作者沟通

翻译过程中,如有可能,译者可以与作者和研究者进行沟通,了解作者的写作意图,寻求解答翻译过程中所遇到的一切问题。如果无法与作者沟通,则切身体验。

(三)切身体验

切身体验包括"设身为作者"和"设身为人物"。设身为作者时,要扪心自问:为什么要这么写? 这么写有何意图? 想表达什么样的情感? 正如茅盾所说"把译者和原作者合二为一,好像原作者用另外一国文字写自己的作品"(陈福康)。设身为人物时,译者要想象自己就是作品中的人物,经历作品中的一切情景,包括情感体验以及人物之间的关系等。

二、翻译的特点

(一)社会性

翻译活动具有社会性,这主要是因为翻译活动对于国与国之间的交流起着巨大的作用。具体来说,表现为如下三点。

首先,翻译的社会性体现在交际性上。翻译能够打开人们的思想和心灵,而交流是人们能够理解的前提与基础,理解则是人们从窄到宽的动力。学者邹振环指出,中国古代的翻译工作虽然不能说尽善尽美,但是确实对当时的社会交往起着非常重要的作用,有助于推进社会文化的进步与发展。当然,这种影响分为积极的影响和消极的影响,也有正面的影响和负面的影响。

其次,翻译的社会性体现在民族精神与国人思维上。对于这一点,可以从鲁迅的翻译经历体现出来。鲁迅的翻译经历了三个重要时期。第一个时期是鲁迅在日本留学的时期,他翻译了法国作家凡尔纳的科幻小说《月界旅行》以及雨果的《随见录》,并且还编译了两本小说。在这一时期,鲁迅的思想是偏向于弱者的。第二个时期是鲁迅思想的转变时期,从民主主义思想转向共产主义思想。受当时形势的影响,鲁迅翻译一些《文学与革命》等类似的文章。第三个时期是鲁迅最辉煌的时期,这一时期鲁迅彻底地转变成一名共产主义者,因此为了革命的需要,鲁迅翻译了一些战争作品。从鲁迅的三个时期可以看出,翻译有助于塑造国人的精神与思维,使他们勇于奔向革命浪潮之中。

最后,翻译的社会性体现在对社会重大政治活动的影响。例如,对易卜生的《玩偶之家》的翻译,让国人体会到中国妇女应该解放出来,也使得中国社会发生了巨大变化。

（二）文化性

翻译对世界文明的进步与发展作用巨大，而社会的发展与文化有着紧密的关系，因此翻译的社会性中其实也渗透了翻译的文化性。

著名学者季羡林这样说道：只要交谈双方具有不同的语言文字，不管是在一个国家，还是在一个民族，都需要翻译的参与，否则彼此就很难进行沟通，文化也很难进行交流，人类社会也无法向前迈进。

从季羡林的观点中可以看出，翻译需要民族之间的交往，而在交往中必然会涉及文化内容与信息。

（三）创造性

翻译具有创造性。传统的翻译理论认为翻译仅仅是两种语言之间的转换，其实不然，因为从翻译的社会性与文化性中可以明显看出翻译的创造性。

首先，从社会角度来说，翻译是为了语言之间的交流，是为了传达思想，而思想是开放的，是翻译创造性的前提和基础。

其次，从文化角度来说，翻译中将文化因素导入，是为了激活翻译中的目的语文化，这实际也是在创造。

最后，从语言角度来说，为了能够传达新事物、新观念，创造是必需的，当然翻译也不例外。

三、翻译的分类

如果语言、符号及方言的转换都算作翻译的话，大多数人不禁会发问：翻译到底有多少种类型呢？

我们这里首先借用现代语言学家、翻译理论家罗曼·雅各布逊（Roman Jacobson）对翻译的分类，他把翻译分为三个分支：intralingual, interlingual, intersemiotie，即语内翻译、语际翻译和语符翻译。语内翻译是同一种语言内符号（sign）之间的改写（rewording）；语际翻译是一种语言的符号与另一种语言的符号之间的口头或笔头的转换；语符转换是一种语言内的符号与非言语系统的转换。语内翻译和语际翻译的区别是：两者都是符号的转换，但第二种强调的是较大单位信息（message）的传递，并且我们还应考虑到不同语言中所体现出来的文化因素。语符翻译涉及的面就非常广泛,它包括体势语、旗语、音乐符号、数学符号、舞蹈、建筑、指示标记、英语与计算机代码间的翻译等,这些转换都可看成是语符翻译。雅各布逊在语符翻译的定义之中运用了符号学的理论,这个运用将翻译研究的范围进行了极大的拓展。

如果我们按工作方式划分翻译类型,翻译又可以分为笔译和口译,口译又包括视译(Sight Translation)、即席翻译(Consecutive Translation)和同声翻译(Simulaneous Translation)。一名译者应该具备的不仅仅是熟练地掌握两门语言,而且还需要有扎实的文字功底、广博的知识面和较强的双语实践能力。从事口译的人员还应该具备反应灵敏、记忆力好、口头表达流畅的能力。[①]

我们按处理方式不同,翻译还可采取全译、节译、编译和选译等。由于时代的发展与变迁、读者的需要和市场的需要,出版机构或译者还可以对已有的翻译作品,组织人力进行重新翻译,这种情况被称为复译或重译。

我们按翻译的主题不同,还可以将翻译分出不同的翻译材料,即文学翻译(戏剧、小说和诗歌翻译)、科技翻译、典籍翻译、商贸翻译和一般非叙事类翻译等。其中诗歌翻译由于其具有较高的审美形式和内容,是这里面最具有挑战性的翻译,以至于被有些人认为诗歌是不可译的,如美国诗人弗罗斯特(Robert Frost)说:"诗者,译之所失也。"(Poetry is what gets lost in translation.)的确是这样,我们以中国的诗歌为例,它有音乐一般的韵律,内容丰富多彩,包括生活的方方面面,它博大精深、寓意丰富,翻译起来想做到完全对等却是不容易的。例如,《诗经》中的前四句:

关关雎鸠,
在河之洲。
窈窕淑女,
君子好逑。

The jujiu calls coo, coo.
From the islet in the stream,
A sweet retiring girl,
The princely man will woo.

(陆志韦译,《中国诗五讲》)

[①] 杨莉,王美华,马卫华.翻译通论[M].北京:中国纺织出版社,2019:4-6.

原诗读起来朗朗上口,富有节奏感和韵律美感,但是经过翻译后这些美感都消失了。

那么,有人就会问,翻译诗歌到底可不可能?或者翻译在多大程度上是可能的?这就是翻译的可译性与不可译性问题。

第二节 翻译的标准与过程

一、翻译的标准

随着不同学者对翻译研究的深入,形成了很多翻译思想,而在这些思想中也蕴含着很多的翻译标准,如严复的信达雅说、鲁迅的信顺说、泰特勒的翻译三原则、奈达的"读者反应论"等。下面就针对一些重要翻译标准展开论述。

从理论上看,翻译标准多体现为:主观性而非客观性,多元性而非单一性,灵活性而非统一性。虽然如此,但翻译标准至少在理论上可以从三个方面加以规约:认知、审美、文化。相对应的就是三个标准:认知标准、审美标准和文化标准。从翻译操作上看,翻译标准又分为内实标准和外形标准。

(一)翻译理论标准

1. 认知标准:真实性与完整性

翻译过程首先是一个从解码获取信息到编码表达信息的认知过程。翻译解码是指译者通过对原文的音字句篇的分析获取其中所传递的信息和意图的过程。翻译编码根据原文信息和意图在译语中进行语音设置、字词选择、句式建构、语篇组合的过程。翻译编码必须以信息的真实性和完整性为标准,使原文信息得以真实而完整地表达,既不能添枝加叶,也不能断章取义。

在翻译过程中,译者可以把译语加以重新解码,获取其中的信息,即命题,并与源语解码后所获取的信息加以比对,从而判定源语和译语信息是否真实相同即真实性,以及是否完整即完整性。所谓真实性,是指译语所含的命题与源语所含的命题具有所指的同一性。所谓完整性,是指译语所含的命题数与源语所含的命题数具有相同性。

2. 审美标准:艺术性和个性性

任何翻译实践都是一个审美过程。在翻译解码过程中,译者必须带着审美的眼光,对构成原文的字词、句式和语篇的审美特性及其规律与原文的信息意图所构成的艺术特性加以认识和领悟。在翻译编码过程中,译者必须用译文把原文体现出来的艺术特性表现出来。原文形式与原文内容完美结合便构成了原文的艺术性,每个作家或作者都有自己的个性,每一个译者也都有自己的特性。体现在翻译标准中,就是艺术性和个性性。翻译标准的艺术性是指译者用译语表达原文内容采用的艺术手段和技巧。所谓翻译个性,是指原文的独特性和译者的个体性。原文的独特性即风格,分为三个层面:一是作家的个人风格;二是文本文体风格;三是人物性格。从理论上说,译文中不应该出现译者风格的影子。但在翻译实践中,译文不可避免地表现出了译者的个性。

3. 文化标准:接受性和变通性

作者与源语是源语文化的承载体。译者与译语是译语文化的承载体。任何翻译都是由译者来实现的,因此译者在翻译时不可避免地受到译语文化的控制。体现在翻译标准上,就是译文的接受性和变通性。翻译的过程是一个源语文化和译语文化冲突磨合的过程。文化冲突体现在翻译标准上就是接受性,文化磨合体现在翻译标准上就是变通性。翻译的接受性体现在:源语文化是否被译语文化所接受。翻译的变通性是指因译语文化而对源语形式进行灵活处理。但两者都具体体现在翻译策略上的"宜""异""易""移""益""遗""刘""依"。

理想的翻译标准是以上三个方面的完美结合。但在翻译实践中,翻译三个层面的标准对译者的控制作用是各不相同的。文化标准是翻译中的"战略"标准,具有宏观控制作用,指明翻译的方向。审美标准是译者的个性标准,它既是原文独特性的体现,又是译者个性张扬的手段。认知标准是翻译中的"战术"标准,具有微观控制作用。

翻译标准,无论哪个层面,对翻译策略都具有决定性的控制作用。

（二）翻译操作标准

任何语言都可以分为外形和内实两个层面。外形指语言的表层结构，可分为"音""字""句"和"篇"四个层面，内实指文本外形所承载的"理""事""情"和"象"。换句话说，说话者总是通过一定的语言形式（即"音""字""句""篇"）来表达内心所欲表达的内容（即"理""事""情""象"）。语言不同，其语言形式也就不同，具体说就是，每一种语言在"音""字""句""篇"上的组合方式都有自己的特点，这种特点就是该种语言的共性。同样，人不同，其语言形式也可能不同，这种"不同"也就是说话者个人的语言风格。

翻译有三大任务，一是要保持原文的"理""事""情"和"象"；二是要保持译语的顺畅性；三是要保持作者的说话风格。第一个任务要求译者做到理清、事明、情真、象形；第二个任务要求译者做到音悦、字正、句顺、篇畅；第三个任务要求译者将第一和第二个任务完美地结合在一起，保持作者的说话风格。因此，从翻译操作上来说，翻译标准分为内实标准和外形标准。

1. 内实标准

理清：指文本表达的义理（即意义）的清晰性。译者不仅要解读出源语所表达或所象征的义理，即意义，还要精心提炼译语来再现源语所承载的义理。

事明：指文本所引典故和所叙事情的明晰性。译者不仅要解读出原文所引典故或所叙事情的意图，还要精心提炼译语清晰明确地再现源语所承载的"事"。

情真：指文本传情达意的真切性。译者不仅要解读出源语所表达的内心情感，与作者产生共鸣，还要精心提炼译语来传达源语所承载的情感，使译语与源语所抒发的情感保持真切性。

象形：指文本所呈现的意象的形象性。译者不仅要在解读时在大脑中唤起文本所承载的事物意象，同时还要精心提炼译语，准确形象地表达源语所承载的意象。

音字句篇既可指意理、意事，也可指意情和意象。偏重于"理"者多属于应用文体，偏重于"事"者多属于叙事类文体，偏重于"情"和"象"者多属于文学文体。

2. 外形标准

音悦：指语音的悦耳性。它是人类为了达到某种意图而在言语语音上的一种审美追求。译者不仅要解读出源语语音秩序、节奏和修辞的意图，还要再现源语语音的意图，并精心提炼译语语音秩序、节奏和修辞，使得译语也具有悦耳性。

字正：指语言字词的正确性。既然是约定俗成，那就意味着汉语就有汉语约定俗成的语法，英语就有英语约定俗成的语法。文体性是指译语字词与原语字词的文体保持一致性。

句顺：指通顺地设置译语句式，准确地表达源语所表达的意图。

篇畅：指积句成篇上的通畅性。

二、翻译的过程

翻译过程是一项非常复杂的过程，而且是一项复杂的心理过程，其工作的重心不仅是研究如何才能在兼顾原文思想的前提下传达原文的意义。这一过程包含四个关联阶段，即阅读、理解、表达与校改。

（一）阅读

阅读是指从书面材料中获取信息的过程。获取信息不等于我们理解了信息，所以要注意把阅读和理解区分开来。英语考试中有一种题型叫"阅读理解"而不叫"阅读"，正是这个意思。我们必须明白，译者在翻译前所进行的阅读和普通的阅读是不一样的。当我们拿到待翻译的文献资料时，首先必须通篇阅读待翻译的文献，并对其进行分析，领会其内容大意。只有对翻译的文献内容了然于胸，才能正确把握宏观的语境，从而在大的语境之下将每个句子的意思正确解读出来。例如：

In 1737, when Peter Jefferson was 30 years old, he and his friend William Randolph traveled up the James River and followed a branch of it...in the middle of all this work. Peter Jefferson fell in love with Jane Randolph, a 19-year-old cousin of William's and in 1739 married her.

本段中的 cousin 一词在汉语里有表（堂）兄弟，表（堂）兄妹的意思。而此时 cousin of William's 具体要表达什么意思也必须依赖语境。此段落中 William 与 Jane 同姓,排除了"表姐妹"的可能。再从年龄推断,可以有把握地将其译成"威廉的堂妹"。因此,在翻译的过程中,首先应该明白,阅读是翻译的第一步,但只阅读不理解,同样无法完成整个翻译过程。

(二)理解

正确理解原文是翻译的第一步。对原文的理解应着眼于以下几点:理解原文的语言现象,重视原文词句的上下文语境和文化背景,确定原文的语体风格。

1. 理解原文的语言现象

理解原文的语言现象包括对原文词汇含义句法结构和习惯用语等的理解。首先,词语的多义性、含蓄性和比喻性是语言的一个普遍特征,英语和汉语自然也不会例外。

例如,英语中 deep 这一形容词的基本含义是"深的",但在实际运用中,其含义还包括(声音)"深沉的""浓(深)的""极度的,强烈的""全神贯注的,专心的""造诣深的""难解的"等。因此,在下列词语的翻译中,我们必须注意 deep 一词的多义性并给出恰当的汉译文:a deep well——一口深井;a deep voice——低沉的嗓音;deep red——鲜红色;deep sleep——酣睡;deep outrage——强烈的愤怒;deep in study——专心学习;a deep thinker——知识渊博的思想家;a deep mystery——难以理解的奥妙。

Scientific literature is the foundation of the academic research.
科学文献是学术研究的根基。(不译为"文学")

Where there is matter, there is motion.
只要有物质就有运动。

Exercise makes one strong.
运动使人强壮。

2. 重视原文词句的上下文语境和文化背景

语义的确定是不能孤立。语句的上下文语境和文化背景对我们正确理解、确定语义具有重要的参照作用。

语句的上下文语境包括句子内各要素构成的关系和语境(句内语

境)以及语篇中句子与句子之间所构成的语境(句间语境)。而文化背景不仅包括不同民族的文化背景,也包括同一民族不同时代的文化背景。在以下例句中,我们可以看到准确理解语言的上下文语境及文化背景会有助于提高翻译的质量。

"There is much corruption here," conceded a Venezuelan journalist last week. "The closer to the government you are, the more chance you have of getting something."

一位委内瑞拉记者上星期承认:"这儿贪污腐败成风,谁越接近政府,就越有机会捞一把。"

短语 get something 通常用于口语中,其意义较为模糊,需要根据上下文语境才能确定。仔细揣测句意可以看出,句中 much corruption, government, chance,以及 the closer... the more 结构的运用实际上已经构成了理解 getting something 这一短语的语境。

3. 确定原文的语体风格

语体风格是语言在具体运用中表现出来的文体风格。无论是英语还是汉语,在不同的语篇体裁中,风格都会通过词句、段、篇的形式显露出来,因此翻译与文体风格的关系密不可分。[①]

从语篇角度来看,法律文本政论文、学术论文、说明文、公务信函、报告等的文体比较正式,其用词较其他语篇的用词更加正式,更加抽象,句法构成和段落组织更加规范严谨。相对而言科普传记类、旅游介绍类、文学类语篇如小说、散文、诗歌等在文体上比较中性一些,甚至非正式一些。而电影、戏剧、广告类语篇,为了能更加接近生活,真实地再现生活,接近媒体普通大众,其风格常常轻松、活泼、幽默,语言更贴近日常生活用语。此外,与口语相比笔头语言显然更为正式。

从段的角度来看,比较正式的段落常常篇幅比较长,段落组织填密,句间逻辑结构严谨。比较而言,非正式风格的段落一般较短,段落及句间逻辑结构比较松散。

从句法结构上看,较正式的句子一般较长,句子成分之间语法、修辞关系错综复杂,在英文中还表现为有较多的动名词、分句和从句结构的

[①] 张万防,黄宇洁,翟长红,张亮平,肖芳.翻译理论与实践简明教程[M].武汉:华中科技大学出版社,2015:111-112.

使用。非正式风格的句子一般比较简短,句法结构较单一松散,修辞关系比较简单。

从词的角度来看,风格较为正式的句子常含有大量抽象意义的词以及正式词(大词)。非正式风格的句子用词比较短小简单,多数词都是日常生活用语或口语用词(包括方言,甚至俚语)、俗语、习语,使用频繁。

不同语言学家对语域(register),即语言使用的场合进行过深入研究,并对语体风格进行了级别分类。美国语言学家马丁·裘斯(Martin Joos)提出的五个级别在语言学界得到广泛认可和运用。

由风格最为正式到最为非正式的顺序排列,这五个级别分别是:Frozen(拘谨体)、Formal(正式体)、Consultative(商榷体)、Casual(随便体)、Intimate(亲昵体)。

在翻译实践中,源语的语体风格自然是需要译者忠实传达的。也就是说,译文首先需要忠实地传达原文的意义,同时还应尽可能忠实地体现原文的风格特征。虽然要做到忠实地再现原文意义,同时又保持原作的精神、风姿和神韵,这有时是很难达到的,但是译者有责任在尽可能的情况下做到忠实于原作,忠实于原作的风采。

(三)表达

表达是翻译过程的第二步,是理解的结果。在翻译过程中,译者是源语和译语的中介者,具有原文接受者和译文表达者的双重身份。在理解的阶段,译者关注的重心是原文的意义和表达形式;在表达的阶段译者关注的重心是如何用译语忠实、恰当地传递原文信息包括原文的风格。

在表达过程中,仅凭对译文的准确理解不能保证译文表达的正确和自然。因此,译者既要注重译文表达的准确性还应根据译语的语言习惯和表达习惯,把握好译文中的措辞用句。例如:

We insist that international trade should not be a one-way street.

我们坚持主张国际贸易不应是有来无往。

在原文中,one-way street 本意为"单行道",为交通用语。但是,由于这里所涉及的是贸易问题,因此译文需将其意义加以引申后译为"有来无往"才能流畅自然地表达出原文意义。

Strategic requirements for tin will be the major consideration under the table during the coming negotiations.

在即将到来的谈判中,对锡的战略需求将是不能公开的主要内容。

原文短语 under the table 与汉语比喻相似,以"桌下的(交易)"来比喻"秘密的,私下的,偷偷地"。本句采用"不能公开的"这一直白的表达,使译文明白晓畅。

The bushes are silver filigree, so light, so much on tiptoe in this enchanted world. Even the slightest breeze sends the snow shimmering down from them leaving the branches brown and bare and rather pitiful.

低矮的灌木丛犹如银丝织成的工艺品,在这个令人陶醉的世界里,它们是那么轻盈,那么小心地踮起脚尖,哪怕是一阵最轻柔的微风也会把微微闪光的雪花从它们身上吹落,留下些赤裸裸的褐色枝条惹人怜惜。

本句来自文学作品,原作者对雪后大自然美景的细腻描述,来自句式(陈述句+so...so 后置修饰语,两个 -ing 分词短语分别作宾语补足语和伴随性状语)以及一系列匠心独具的用词(silver filigree, light, on tiptoe, enchanted, slightest breeze shimmering, brown and bare, rather pitiful 等),其美感功能跃然纸上。在汉语句中译文的措辞也很好地传达出了原文用词的精妙之处,并采用"犹如""那么……那么""哪怕是""留下些"等句式,使全文的美感功能得到再现。

(四)校核

翻译过程的最后一个阶段是校核,是对已从原文转化为译文的表达结果做进一步加工和处理、进一步把关的重要阶段。校核时应对照原文仔细通读、对比以防止错误和疏漏,同时还须单独通读译文,以发现译文表达中的生硬、晦涩和不通顺之处。通常,除在完成翻译之后立即着手校核之外,时间许可的话还可将译文放一段时间后再次校核,也可以求助于他人帮忙审核(尤其是涉及专业性较强的译文)。这样对译文的审核视角将会更为客观、专业和全面。

校核译文须特别注意以下几个方面。

(1)仔细对照原文检查译文中的数字日期、方位名称(尤其是地名和组织机构名)、专业术语、数字单位量单位、倍数关系等方面有否错译和漏译。

(2)对照原文检查译文有否漏译原文的词句、段落或公式。

(3)对照原文检查译文有否误译原文内容。

(4)查看译文有否漏用误用标点及各类专业符号。

(5)通读译文,看译文的行文中有无不合逻辑、语言晦涩、词句不通之处。针对校核出来的问题译者应以高度认真负责的态度,修改错误、疏漏和不妥之处,务使所有问题都得到妥善处理,把好翻译质量关。

第三节　翻译理论及翻译技巧

一、翻译理论

(一)"顺应论"

比利时教授维尔索伦(J. Verschueren)在《语用学新解》(*Understanding Pragmatics*)提出了语言顺应理论(The Theory of Linguistic Adaptation),提出顺应理论是一种关于人类语言交际行为和认知理论,重心放在语言的产出问题,将"语言即选择"上升到理论层面。顺应理论强调语言与交际目的、交际环境、交际对象之间的一致性。[①]

关于翻译,主要指的是语言上下文,即语言符号和信号形式、语篇的上下文衔接连贯。涉及翻译单位中音位层、词素层、词层、语篇层,其中语篇层面的衔接可参考衔接理论。具体到翻译,主要涉及词语在环境中的含义,不同语言语境中的具体含义。交际语境包括交际方、物理世界、社会文化世界、心理世界。这就涉及翻译单位中的话语层,具体在文本翻译涉及的主要是各种社会文化因素、人际关系、认知因素、情感因素等,如信函中的礼貌原则。

结构客体顺应指的是如何关于对语言各个层次的结构,如语言、话语构建成分、话语的构建原则(语法规则)等做出选择。如合同中的语言选择如何能符合其正式、庄严、严谨的语言特点。

顺应的动态性顾名思义指的是主体要顺应所处的交际语境,随之变动语言,调整自己的语言层次结构,此点在谈判环节得以体现。顺应中的意识凸显涉及的是在意义生成过程中语言使用者的认知心理因素,即语用意识。文本作为一种应用型文体,源于社会,受到社会规范的制约,

---

[①] 王森林,肖水来,吴咏花,吴玥璠,熊鹰飞.商务英语翻译[M].武汉:武汉大学出版社,2013:7.

其翻译过程需要译者调用自我意识,根据文本特点及风格作出调整。

根据于国栋(2004)的观点,交际者的顺应对象包括顺应语言现实、社会规约和心理动机。词汇的可及性程度决定了顺应语言现实。如果两种语言存在语义及文化空缺时,译者会选择借用的方法,找到类似含义,表达不同的词语予以弥补。如产品商标的翻译,"鸳鸯"牌枕套,译成英语时处理成 Lovebird,弥补生态文化空缺。

顺应社会规约主要指的是顺应社会文化。社会规约约束、制约社会主体的言行,需要主体进行语码转换,其中回避或避讳最为常用。仍然以商标品牌为例,商标品名的确定极具国家或地方特色,皆为本土文化的体现,文化除了存在空缺以外,最容易出现的就是碰撞,即对同一事物的不同理解,因此音译的形式就成为解决文化冲突的有效方式。心理动机影响语言行为,因此影响交际者的语码转换。根据语用学研究,语码转换一般是由外部因素诱发和为了达到某种修辞效果而采取的方式。其中为某种修辞效果而进行的语码转换指的是"说话人有意识地使用语码转换以获得某种特殊的效果"。

体现在翻译中,广告的翻译是最好的体现。为了达到广告的呼唤功能,很多时候翻译不再是简单的"信"的问题,而是顺应消费者购买心理及商家推销心理的行为。

(二)语域理论

谈到语域理论,就一定要提到系统功能语言学的创始者韩礼德。他对语域的界定有着自己的看法,并且观点被广为接受。他认为语言将随功能的变化而发生变化,语域就是这种由用途区分的语言变体。他指出"语域是由于多种情景特征——特别是指语场、语旨和语式的意义——相联系的语言特征构成的"。语场指的是正在发生的事,涉及语境、谈话话题及交际参与者的活动。[①] 语旨是交际参与者之间的角色关系,涉及社会地位、态度、意图等,体现在语篇中指的是语言的正式程度,如文本属于亲密体还是随和体。语式是语言的交际渠道和语言要达到的功能,主要指的是修辞方式,分析篇章属于书面语体还是口语语体,正式语体还是非正式语体。三个因素中的任何一个发生变化都会引起语域的变

[①] 菲菲,居雯霞,殷炜淇.语域顺应与小说对话翻译的研究——以《傲慢与偏见》人物对话为例[J].上海商学院学报,2011,12(S1):52-54.

化。如信函和普通书信之间由于语旨的差异,信函属于书面语体,而普通书信更接近口语语体。

韩礼德认为语域的三个变项决定了意义系统中的概念意义、交际意义和语篇意义。语场因素决定翻译中寻求概念意义的对等。语场决定交际的性质、话语的主要范围,影响谈话方选择和使用词汇和话语结构。语旨决定翻译中寻求交际意义的对等。语旨涉及交际参与者的社会地位、态度、意图,因此参与者不同,语域也会随之存在差异。这些差异会影响交际句型和语气,译者要把握双方的语言构造,寻找适当的词句、句式、词序表达源语发出者的信息和情感,达到最好的沟通和交流。语式决定翻译中寻求语篇意义的对等。语式主要分为书面语和自然口语,两者之间存在很大的区别,要求译者根据不同的语式确定语篇翻译的文体风格。[1]

因此,针对语篇的特点,翻译必须反映英语原文的语域特征,恰当地表现原文情景语境。首先做到语场中概念意义的对等;其次寻求语旨中交际意义的对等;最后,翻译要做到语式中语篇意义的对等。当然,要针对不同的语篇选择不同的语域方式,进行恰当的翻译,才能真正发挥语域理论对英语的翻译。

(三)建构主义理论

1.建构主义翻译观

建构主义理论多样复杂,其中部分理论可以追溯到古代时期,因此也会显得有些零散,缺乏一定的系统。最近20年是其不断发展的时期,以 Habermas 介绍的一系列理论尤其是交际行为理论为代表,在理论上为建构主义翻译研究打开了道路。吕俊教授提出的建构主义翻译学是在建构主义理论指导下提出的一种以交际为基础的翻译研究。翻译被看作一个重新构建的过程,即译者将源语作者使用的源语重新构建,以译文读者社会可接受的方式重新构建。

源于欧洲的建构主义是现代社会的科学理论,分为不同的流派。18世纪,意大利哲学家和人类学家 Ciam Battista Vico 在其著作《新科学:

---

[1] 菲菲,居雯霞,殷炜淇.语域顺应与小说对话翻译的研究——以《傲慢与偏见》人物对话为例[J].上海商学院学报,2011,12(S1):52-54.

第一章 英汉翻译基础

知识源于人类生活建构》清楚地提出了建构思想。

19世纪晚期，德国哲学家和社会学家Simmel and Weber进一步发展了这一思想。鉴于德国自然科学和文化科学的分离，他们认为自然物体与行为体有着本质的区别。发展到20世纪，建构主义思想蓬勃发展，在此时期出现了更多流派。如美国的Mead首次提出符号互动论(Symbolic Interactionism)，指出"社会是由人与人之间互动交流中产生的符号意义的构成"；Alfred Schutz致力于编著《社会世界的现象学》(*The Phenomenology of the Social World*)，其理论不断发展，形成社会建构主义和知识社会学；依照法兰克福流派以往的批判精神和不同流派的本质，以社会学、哲学和意识形态著称于美国和德国的哈贝马斯(Habermas)成功地发展了普遍语用学，并提出真理共识论和沟通行为理论。无疑所有这些流派都从属于建构主义，并为建构主义翻译研究提供了理论依据。

建构主义理论在哲学、社会学以及其他领域取得了发展，与翻译也会碰撞出火花吗？这个问题可以在吕俊和侯向群的著书《翻译学——一个建构主义的视角》中找到答案。基于评判主义和对以往翻译研究的吸收的建构主义翻译研究为我们提供了一个全新的视角。

谈到建构主义翻译研究，就要提及其中的交往理论和理解理论。首先来探讨交往理论。建构主义翻译研究以多种理论为依据，包括实践哲学、交往理性、真理共识论和沟通行为理论。其中，交往理论贯穿其中，认为语言作为本体/实体达到正确、理性和理想的交际和沟通。当然专注于非语言因素也有其必要性，然而语言仍然是建立翻译研究知识体系的首要因素，每一次翻译活动都需要语言作为主要的媒介，因此无可避免地要研究语言。翻译是一种特殊的人类交往实践，影响着其他人类行为，因此翻译建构主义的哲学基础是理论哲学向实践哲学的转向，是本体论向社会实践的回归。人类的生存行为包括生产和交往，在人文科学和社会科学中，主要的社会实践就是社会交往实践，以理解为首要因素。翻译是一种主要的人类交往、交流信息、分享知识的形式，也是文化间的互动行为。交往推动了社会进步，只有这样理解翻译，才能发现不同文化和理性交际模式之间交流的普遍规律。

建构主义翻译观的理性原则是交往理性，是完全不同于哲学直观论非理性原则、建构主义的目的——工具理性原则和解构主义怀疑反理原则的理性重构。建构主义翻译观认为翻译是文化间的转换和沟通，是人类社会交往的精神方式,因此要遵循社会规则和理性原则。这就要求交际双方中说话人首先使用恰当的语言,然后遵循协作原则,使译文准确且恰如其分。

真理共识论中共识是主体之间、主客体间的统一。主体交往中,不仅应该遵循语言规律,还要认可和遵守社会接受的规则。此外,真理共识论强调语言协作原则,因此真理的判断不是看陈述是否与现实一致,而是看参与方是否已经相互理解,并认定其有效。运用在翻译中,就是要考虑语境的角色和影响。

其次是理解理论(Comprehension Theory)。理解是翻译中重要的概念,从广义上看,是意义的掌握。关于意义理解有很多种分类,但主要有两大类型:绝对主义和相对主义。为了在理解和含义层面超越绝对主义和相对主义,哈贝马斯(Habermas)意欲重新定义"理解"一词。他认为:理解的目的是达到一定意义上的认可,这源自相互理解、知识共享和相互信任。最狭义的含义是两个主题以同样的方式理解语言的表达;最广义的含义是基于参与双方认同的规范场景之下对词语的正确理解基础上,两个主体之间存在一种协作关系,也就意味着交流参与双方对世界上某一事物构成一种理解,并且让对方能够理解各自的交流目的。

参照语言行为理论意义的双结构特征,哈贝马斯对理解框架给出了两个分类,分别是交流层面和语言层面。基于此,建构主义翻译观认为说话人通常使用专有词句表达交流意愿。这也就要求译员不仅要按照语义和语法规则理解词句的含义,而且需要弄清说话人为什么采用特定的表达方式,包括句式的选择、语音语调、礼貌用语等。总之,将语言理解应用于社会交流实践就是建构主义翻译观的理解理论。

2. 建构主义翻译观三原则

传统的翻译标准主要强调译文与原文的统一。不管是"忠实""忠诚"还是"对等",总离不开专注于原文和对等方面的模式。实际上,篇章的含义既不是与生俱来,也不会是永恒不变,也不源于读者的意图,因此,建构主义翻译观从以下三个方面来探讨翻译的原则。①

---

① 吴玥璠,熊鹰飞,王森林,肖水来,吴咏花,叶会,刘军平. 汉英翻译教程[M]. 武汉:武汉大学出版社,2014:6.

坚持知识客观性。知识客观性为社会交流和评判提供了强大保障，是理解的共识基础。客观知识是人类在了解世界时获得的成果，也是人类智慧的结晶。不同主体之间的交谈对于社会认可都是必不可少的环节，随之接受检验和批判。客观知识为认知活动奠定了坚实的基础。仔细研究翻译，原文通过反映作者现有环境和生活方式获取知识客观性；作为译者，这种知识客观性体现在他/她的前理解中，即先存性、前知识和先见。因此，当译者与作者交流时，首要考虑的就是知识客观性，这是判断译文质量的首要条件。任何违背常识、缺乏历史地理证据的带有错误信息的译文都被认为违背知识客观性，要遭到摈弃。[①]

理解的科学性与释义的普遍有效性。建构主义标准作为限定条件，目的在于达成共识，而不是将固定目标强加在译者身上，因此是开放的。面对一段文字，作者的观点和表达方式就是供译者理解的，在头脑中形成了两个解读：作者的真正意图与译者的再现方式。

翻译活动通过语言的方式理解和解释社会，是一种跨语言的活动，因此从社会理解角度，从一个社会群体去了解翻译活动是很困难的。在文本的开放型语境中，理解原文就是每个译者在他/她的文化背景的前知识和社会知识的前理解范围内扮演着与作者对话的角色。译者本身的差异就会造成对原文的不同理解，但只要译者的理解是合理的并为社会其他成员所接受，这种差异是可以接受的。

遵循原文定向性。遵循原文定向性包括原文对译者的约束。翻译除了常见的释义活动以外，并不能完全脱离文本的定向和结构的制约，所有的翻译作品都深植于原文。译者扮演着斡旋者的角色，读者则是译文的终端接收者。因此，读者与译者对话的同时通过译作与原作者进行交流就显得更加重要。在这样的情况下，读者的理解行为无可避免地从原文开始，这种理解首先是原作者基于社会理解的意义构建。

读者努力从原作者角度理解、阐释然后表达，这就是一种自我构建的过程。一百个读者对原文就有一百种理解，而译者应该尊重原文结构和语境，也就是说不能违背原文的定向性，这是前提，否则译者的工作就不是翻译而是创作了。因此，建构主义翻译观的翻译原则是一种开放的标准，从不将一些要求强加于译者身上，而是起到一种引导的作

---

① 王蕊.建构主义理论视角下英文影片字幕翻译策略[J].东西南北，2020(11)：84-85.

用;同时为不同的理解和释义留有足够的空间,认同文化差异以及不同文化阶段的不同特征,这就在某种程度上带来了翻译的多样性。

3. 翻译的建构主义原则

翻译的研究多半放在分析翻译过程中出现的问题以及找出导致翻译失败的因素上,而对翻译研究中最关键的问题——理论与实践的结合没有予以重视。因此结合国内外先进翻译理论对翻译的理论指导和实践应用都是相当有必要的。

结构主义的研究模式局限于语言本身,解构主义将研究的重点放在语言的多样性和变化上,忽略了语言本身。建构主义不仅专注于语言学,而且研究翻译活动和翻译行为中各种因素之间的关系。其重点放在语言常规和人类交流中日益接受的社会准则方面,较之结构主义和解构主义,在理性思维上更占优势。

由于不同文本的特性、目的以及面对不同的译文读者,翻译方法的选择要依赖于特定的情境。英语作为一种应用语言,在词汇、句法及交际方面具有其独特性,这就决定了作为活动中的工具之一——翻译有异于文学翻译,因此,翻译应该有其独特的翻译原则和灵活的翻译策略及方法,此时,建构主义翻译法可以作为指导翻译的全新视角。

英语的庞大信息资源和翻译的特定性决定了翻译的基本原则无法满足英语的需求。因此,英语翻译的原则要打破传统,做出创新。

正确理解原文。建构主义翻译学重视社会交际,正确理解原文,符合翻译的"准确"原则,这也是翻译首要考虑的因素,因为哪怕只是小小的失误都会造成难以想象的严重后果。因此,译者要准确把握原文,精确陈述事实,以便于译文读者能准确理解。这就要求译员具备专业的知识,不至于将"bank balance"(银行余额)译成"银行平衡"。翻译专业术语,仅靠基础的词汇采取直接翻译的形式是行不通的。

符合目的语语言习惯。建构主义翻译观的语言基础是语言行为理论,要同时遵循两个规则:一是语言行为表达方面的语言建构规则,涉及语言的正确使用;二是专注于语言行为操作方面的语言协作规则,涉及语言的恰当应用。翻译活动要将这两种规则同时置于首要位置。文化与语言紧密相连,因此英语在某种程度上是英语文化的反映。符合目的语语言习惯的原则就是译者应该了解文化差异,通过对不同文化的认识使用目的语文化的习惯表达,对译文作出适当调整以消除文化差异,力争对等,尤其是广告和商标的翻译。"对于想翻译出优秀作品的译者,更为重要的是掌握两种文化而不仅仅是两种语言,因为只有在特定的文化中,词语才能体现其真正的含义。"

凸显英语的格式与风格。翻译不同于一般的解释性行为,建构主义翻译观认为翻译应该回应原文的定向性,强调其对译者的约束。而英语的格式或风格具有多样性的特点,因此,要考虑格式与内在含义的统一与融合,极力体现原文风格,并根据不同风格灵活调试,运用不同的翻译策略。

二、翻译技巧

（一）增减法

增减词语就是在翻译时按意义(或修辞)和句法的需要增加或减少一些词语来忠实通顺地表达原文的思想内容(张培基)。[①]

1. 增词法

由于汉、英两种语言在表达方式上存在差异,同一思想内容,英文可以用不同语言形式来表达,在翻译时要增加词语。例如:"整个暑假他都在忙着撰写论文。"这句话可以译为"He has been busy with his thesis throughout the summer vacation."汉语句子以副词"都在忙"强调"一直在忙"的时间概念。译文转换成动词的完成时态 has been busy,并增补英语表达习惯上需要的人称代词 his,使原文的意思清楚、完整、时间概念明确。在有些情况下,为了再现原文的文化内涵和语气,有必要把紧缩或松散的"语义过载"的语句重新加以调整,在译文的正文中穿插一些必要的词语,这也是常用的译法之一。

（1）根据表达或修辞的需要

①增添代词。汉语与英语在语言形式上有明显的区别。汉语经常使用无主句,翻译成英语时,因语句结构上的需要,必须增加主语,多数情况下,可使用不定代词等。此外,在英汉两种语言中均有句子主语承前省略的情况,在翻译时为了意义上的需要有时需将省略的主语补充出

---

① 梁田.汉英时文翻译技巧与实践[M].哈尔滨:哈尔滨工程大学出版社,2009: 36-43.

来。例如：

不要以为胜利了，就不做工作了。

Let no one think that there is no more work to do now that victory is won.

②增加动词。在英汉两种语言中，动词扮演着重要的角色，尤其是在汉语中，经常使用连动句和动宾结构。在英译汉时要注意这点，根据表达需要可在名词前后增加动词，如在"After the football match and CCTV's interview, the athletes returned to their home countries."一句中，若把"After the football match and CCTV's interview"翻译成"在足球赛和中央电视台的采访后"会使句子意思很不清晰，这里宜采用增加动词的方法将之译成"在参加了足球比赛和接受中央电视台采访后"，增词后，形成了两个动宾词组，意思明确，读起来也流畅自然，符合汉语的表达习惯。例如：

He favored the efforts to protect the environment throughout the world.

他赞成为了在全世界保护环境而进行努力。

汉语中存在一定数量的名词谓语句。名词谓语句就是名词性词语充当谓语的句子，这与英语的句子有很大差异，翻译时要注意将隐含的动词补充出来。例如，翻译"他俩一个房间"时，增加表示"分享"等含义的隐含动词，译成"They two share one room."意思就表达出来了。

③增加形容词。为了意义或修辞上的需要，有些英语句子中的名词译成汉语时，根据上下文，可以适当增加一些形容词。例如：

What honor he has won for his motherland!

他为祖国争得了极大的荣誉！

④增添副词。根据语境的需要，有时必须要增加适当的副词，使译文表达确切。例如：

Her boots shone.

她的靴子闪闪发光。

⑤增添名词。增加名词主要有两种情况：第一，不及物动词后，英语中动词有及物和不及物之分，用作不及物动词时，它的宾语常常被隐含了，在翻译成汉语时要将它增补出来；第二，在形容词前增加名词，英语中的形容词含义丰富，有些形容词所能修饰的名词实际上已经定格了，如 cheap（价格）便宜的，gentle（性格）温柔的，dim（光线）暗淡的，

翻译时将对应的名词补充出来可使译文表达得更贴切。例如：

He ate and drank, for he was exhausted.

他吃点东西,喝点酒,因为他疲惫不堪了。

⑥增补必要的信息。许多典故、俗语、习语蕴含着特定的文化意义和历史意义,本国人一看就明白。但在文化背景和国情大不相同的译文读者看来,却如坠烟云,如不增添必要的信息内容或者增补注释,就很难弄清楚这些俗语、习语的真正含义。在这种情况下,有必要采取增补法,增加内容上所需要的词语和解释。有时候,意思十分清楚明白的汉语句子,照字面直译成英语,译文可能会变得毫无意义,或者意思不清楚,易产生误解。要把话说清楚,就得增补必要的上下文注释。例如：

牛郎织女。

the Cow Herd and the Spinning Maid separated by the Milky Way—couple living in two separate places.

以上简要概括了根据表达或修辞的需要,在翻译时所要增加的种种词汇。有时候在用增词法时,译文可能需要增加几种词汇,而不是单一的名词或动词等。

（2）根据语法或句法的需要

①增加表达时态的词。汉语的动词没有词形变化,汉语依靠在句中加入不同的副词来描述发生在不同时间段的事情,如"常、刚刚、将、已经、曾、会、要、了"等。而英语动词具有词形变化,英语动词的时态就是依靠动词的词形变化(take, took, taken)来实现或与助动词(will take, have taken)共同实现。所以,在英汉互译时为了强调时间概念,根据时态的需要,要增加必要的词汇。例如：

The rumors spread like wildfire.

谣言常常不胫而走。

译文中增加了"常常",表示经常性的行为。若不增加此词,译文依然通顺,但增加该词除了使译文更贴切外,还可起到强调的作用,使译文更生动。

②增补原句中被省略的词语。为了避免重复,英语常使用省略句,形式也多种多样,如常见的答句省略、比较从句的省略、承前省等。汉语也有承前省等省略现象,但省略的用法不如英语中的突出。在翻译时,对这种现象要酌情处理。例如：

—Where are you living?

—你现在住什么地方？

—In Youyi hotel.

—住在友谊宾馆。

2. 减词法

与增词法相对，减词法就是在翻译中适当减去原文中的某些词或短语，从而使译文更流畅、更合乎逻辑。① 关于减词法，有一条总的指导原则：减词不减意，或者有悖译文的表达习惯，此词在翻译时看似被减掉了但其意并未减掉。例如，"取之不尽，用之不竭"可译成 inexhaustible。

（1）减掉多余的信息词。例如：

他们谈到通货膨胀、失业、环境污染等问题。

They talked about inflation, unemployment and environmental pollution.

（2）句法减译。句法减译，即根据句法的需要，省略译文句法中所不需要的成分。这种例子较多，如在英语里冠词、连词、代词使用频率较高，在翻译成汉语时，有些词不必译出，这样更符合汉语的表达习惯。例如：

解读人类 DNA，即人类生命遗传蓝图，是 21 世纪科学面临的最大挑战之一。

Decoding human DNA, the inherited blueprint for each human life, is one of the biggest challenges with which science is faced in that 21 century.

（3）修辞性减译。为了增强译文的表达效果，增强译文的可读性，出于修辞或简练译文的需要，常省略部分词语。例如：

镇子里的人们有一半都跑来了。

Half the town came running.

上例中，"镇子里的人们"简洁地译成了 half the town，用 the town 指代 people in the town。

---

① 梁田. 汉英时文翻译技巧与实践[M]. 哈尔滨：哈尔滨工程大学出版社，2009：40.

(二)词类转换法

由于英汉两种语言的表达方式不同,在英汉互译时,不可能总是保证"一个萝卜一个坑",也就是逐词对译的方法有时行不通,这时词类转换法也就应运而生,成了英汉互译中常用的一种翻译技巧。词类转换法主要指词类的转变,但还包括词类的作用和部分词序的变化。使用词类转换法,可避免死译和硬译,从而使译文表达确切、流畅自然。

总的来说,词类的转换是比较灵活的。在翻译的过程中,要善于变通,灵活应对具体情况。从实践来看,在英汉互译的过程中主要有以下几类词的转换:英语名词和汉语动词相互转换,英语形容词和汉语动词相互转换,英语副词和汉语动词相互转换,英语介词和汉语动词相互转换,英语形容词和汉语名词相互转换,英语形容词和汉语副词相互转换,英语名词和汉语副词相互转换。

1. 英语名词和汉语动词相互转换

动词使用频繁是汉语的一大特点。英语句子中使用一个谓语动词,译成汉语后可能要用几个动词或动词结构。这是汉语与英语的一个差异。同时,英语中具有大量由动词派生出的名词和具有动作意义的名词以及其他名词,翻译成汉语时可转译成对应的动词。反过来,汉语中的某些动词也可转换为英语中对应的名词。此外,英语中有些动词的概念在汉语中难以找到对应的词语,于是转换为汉语的名词。[①]例如:

他的音乐天赋给我留下了深刻的印象。
What impressed me deeply was his talents for music.

2. 英语形容词和汉语动词相互转换

英语中表示心理状态的一些形容词,如 confident, cautious, careful, angry, worried, eager, doubtful, aware, frightened, ashamed, angry, ignorant 等,在联系动词后作表语时,常常可转换成汉语中的动词来翻译。例如:

我们必须清醒地意识到我们的经济还不发达。

---

① 梁田.汉英时文翻译技巧与实践[M].哈尔滨:哈尔滨工程大学出版社,2009:43.

We must be clearly aware that our economy is still not developed.

3. 英语副词和汉语动词相互转换

在联系动词后,如果副词单独或与其他成分一同充当表语,翻译时可将副词转换为汉语中的动词,原文的连系动词可省略不译。除此之外,在"使役动词+宾语+副词"的结构中,副词也可转换成动词译出,使役动词可译可不译,视具体情况而定。例如:

When he went back, the radio was still on, for he had forgotten to turn it off when he left.

他回来时,收音机仍然开着,因为他离开时忘记关了。

4. 英语介词和汉语动词相互转换

汉语中少用介词,多用动词;而英语拥有大量的介词,几乎每一个介词的用法都不单一。在英汉互译时,英语介词和汉语动词相互转换可使译文的表达丰富多彩。例如:

中国主张和平共处五项原则。

China was for Five Principles of Peaceful Coexistence.

5. 英语形容词和汉语名词相互转换

英语中有些形容词加上定冠词表示某一类人,翻译时常译成名词。此外,根据具体情况,有些形容词也可译成名词。例如:

The young in the town will be offered free training courses.

镇子里的年轻人将被提供免费的培训课程。

6. 英语形容词和汉语副词相互转换

在英译汉过程中,如果将原文中的名词译成汉语的动词,那么修饰该名词的形容词就要相应地转换成汉语的副词;若原句中的动词译成汉语的名词,则修饰该动词的副词常常转换成汉语的形容词。在汉译英过程中,如果汉语句子中的动词或形容词转换为译文中的名词,那么修饰该动词或形容词的副词则要对应地转换为英语句中修饰名词的形容词。例如:

Warm discussions arose on every comer as to his achievements.

到处在热烈地讨论他的成就。

7.英语名词和汉语副词相互转换

在英汉互译的过程中,副词和名词之间也可视情况进行词类转换。英语中的一些抽象名词在翻译时转换成汉语的副词可使译文更通顺。例如:

Today I have a great honor to be the first speaker.

今天我很荣幸成为第一个发言的人。

(三)重复法

在翻译中,重复法也是一种重要的技巧,尽管我们追求译文简洁明快,但有时为了使译文准确,符合语言的表达习惯,需要反复使用一些关键性的词语。这里所说的重复,不是一种不必要的重复,而是行文中必不可少的一种表达手段,它可以使译文更忠实地表达原文的意思。运用重复法的目的主要是基于三个原因:准确、强调、生动。[①]

1.求准确表达

为了避免译文产生歧义、给读者造成误解,就要最大限度地保证译文的准确性。为此在译文中需要重复某些词语。根据需要和句子的特点,主要有三类词在译文中经常重复:名词、动词、代词。例如:

He presented his proposal at the meeting that the local government put emphasis on environmental protection.

他在会上提出了他的建议,他的建议是当地政府应该把重点放在环境保护上。

分析:抽象名词后带有同位语从句时,在译文中有时需要重复该名词。当然,这不是唯一的翻译方法,以此句为例,用词类转换法,这句话也可译成"他在会上提出了他的建议,他建议当地政府把重点放在环境保护上"。

2.求强调效果

为了增强句子的可读性,给读者留下深刻的印象,英语句子常常重复关键性的词,翻译时采取同样的重复手段,还可采用同义词进行重

---

① 梁田.汉英时文翻译技巧与实践[M].哈尔滨:哈尔滨工程大学出版社,2009:48.

复。例如：

Gentleman may cry peace, peace—but there is no peace.
先生们尽管可以高喊和平,和平！但是依然没有和平。

3. 求唯美诗韵

根据两种语言的习惯表达法,以不同的方式进行重复,可以使语言表达得更生动,增加语言的艺术渲染力。在中国古诗词中,重复和词汇的叠加被大幅度使用,如"年年岁岁花相似,岁岁年年人不同""朝朝暮暮""天苍苍,野茫茫,风吹草低见牛羊"等,在翻译时,为了追求这种诗韵的氛围,更好地体现原文的意境,有时要用重复法。例如：

舟遥遥以轻扬,风飘飘而吹衣。
Lightly floats and drifts the boat, and gently flows and flaps my gown.

（四）逆向翻译法

英、汉两种语言在表达否定含义时,语言习惯和形式有所不同。汉语在句子中经常使用"不、非、莫、别、勿、没有、无、未、休"等词表达否定含义,而英语句子中除了有否定副词"no, not, never, seldom"等对句子进行完全或部分否定外,英语中还有数量众多的带有否定词缀的单词,否定词缀的种类之多也是英语词汇的一大特色,如 dis-、non-、un-、in-、il-、im-、de-、-less 等。

否定副词对句子的否定是显而易见的,但译成汉语时也未必句句否定；带否定词缀的单词通常使句子具有了否定含义。翻译时有些句子无法按正常的方向展开,也就是原句虽形式上肯定,但译文表达可能否定；原句虽形式上否定,但译文表达可能肯定,这就是逆向翻译法。除此之外,英语中有些动词从正面翻译会使句子含义模糊,句子不够通畅。有时,反译是个不错的选择。如 Children are excluded from getting in,这句话如何翻译,关键看对 exclude 一词的处理,该词含义为"排除,不把……包括在内",若不改变译文的形式,仍然翻译成肯定句,译文势必会不通顺,逆向翻译更好些,此句可译成"不准小孩入内"。

1. 原文正说,译文反说

原文从正面表达的动词、名词、形容词、副词、介词等在翻译时要逆

向进行,从反面表达,以便使译文更合乎汉语的表达习惯,准确地表现原文的含义。例如:

Her abstraction was not because of the tea party.
她心不在焉的样子,但并不是茶会的缘故。

2. 原文反说,译文正说

逆向翻译的另一种情况是原文从反面表达,译文则从正面陈述。原文从反面表达包括名词、动词、形容词、副词、连词、短语等几种情况。例如:

His inexperience made it difficult to get a good job.
缺乏经验使他难以找份好工作。
"Where is the drowning boy?" She asked breathlessly.
她气喘吁吁地问:"那个要淹死的男孩儿在哪里?"

(五)语态转换法

语态是英语中动词的一种形式,分为主动语态和被动语态;汉语中的动词没有语态一说,但也有主动句和被动句之分,被动句也被称为"被字句"。语态转换就是将原文中的主动结构译成被动结构,或将原文中的被动结构译成主动结构。英汉语言中主动结构的形式相差不大,都是主语+谓语+宾语。然而两种语言中被动结构的表达却各不相同:英语的被动语态由系动词 be 加上动词的过去分词构成,而汉语被动句的构成是由一系列特殊的词来标识,这些特殊词包括"被、受、叫、挨、遭、让"等。

英语中被动语态使用的范围很广。凡是在不必说出主动者、不愿说出主动者或不知谁为主动者等的情况下,均使用被动语态。因此英语中使用被动语态的场合众多、使用频繁,是汉语无法与之相比的。这与汉语的发展历史和语言特点都有关系。在古汉语中,被动句使用得就很贫乏。

1. 英语被动句译成汉语主动句

(1)原文的主语在译文中仍作主语。例如:

This nuclear power plant which is completely automated and computer-controlled serves the entire city.

这个全部自动化和电脑控制的核电厂供应全市的用电。

（2）原文的主语在译文中作宾语。例如：

My first twenty years were spent in a little small town.

我的前二十年是在一个小镇子度过的。

（3）it作形式主语的英语被动句的翻译。英语中有一类以 it 作形式主语、that 作真正主语的句子，谓语动词通常由表示"推测""报道""希望"等含义的动词充当。翻译成汉语时，常常改成主动形式。有时可译成无主句，有时则加上不确定的主语，如"大家""人们""有人"等。例如：

It is said that the castle was built in the 17th century.

说这座城堡建于17世纪。

（4）英语原句译成汉语"把、使、由"字句。例如：

Livers are controlled by dams.

河坝把河流控制住了。

2. 英语被动句译成汉语被动句

汉语中也有被动句，除了用"被"字表达外，还可用到以下字眼，如"受到""遭到""为……所""给"等词。由于英语句式的特点，除了英语的被动句可对应地译成汉语的被动句外，英语中有些主动句也可译成汉语被动句。例如：

Chinese dishes receive a warm welcome in the world.

中国菜在世界受到热烈欢迎。

（六）分合法

翻译中的分合法指在表达过程中对原文的词、句进行拆分与合并：把原文的一个词或简单句译成两个或两个以上的句子，或将原文两个或两个以上的词或简单句译成一个词和简单句。分合法有时也涉及段落的拆分与合并，实质上，分合法主要指句子的分合，词与段落的拆分与合并相对少一些。运用分合法的主要原因在于语言习惯不同或行文的需要。英语惯于使用长句，而汉语喜爱中短句。所以，英译汉时要将英语的长句切割成汉语的中短句；反之，将汉语的中短句合并成英语的长句，以使译文更符合两种语言的表达习惯。运用这两种方法时，要特别注意词、句、段之间的联系。

1. 分译法

（1）将英语单词拆分成汉语单句。将英语原文中的某些单词或词组采用拆分法进行处理，译成汉语的单句，从而使原文的句子变成两个或两个以上的句子。例如：

They, not surprisingly, did not pay their debts at all.

他们根本就没还债，这是不足为奇的。

（2）将英语原句拆分成汉语单句或复句。有时英语有些单句很难对应地译成汉语的单句，此时宜采用拆分法将英语单句译成两个或两个以上的汉语句子。此外，英语惯于使用长句子，尤其在时文中大量使用长句。例如：

Whether you agree or not makes no difference to me.

无论你接受与否，对我来说都无所谓。

2. 合译法

与分译法相反，合译法是将两个或两个以上的词语、句子、段落等进行合并而翻译的方法。由于汉语中无主句使用得较频繁，代词使用率较低，主语重复率较低，因而英译汉时可把几句话合并成汉语中的一句。在汉译英的过程中，运用合并法可把两个或两个以上的汉语句子合译成一个英语句子，或把一个汉语复句合并译成一个英语简单句。例如：

（1）合并词或短语。例如：

He was wise and clever, but his daughter was silly and foolish.

他很聪明，但他的女儿却非常笨。

上例中，wise and clever 和 silly and foolish 为两组同义词，翻译时可将其合并，并增加适当的程度修饰语"很、非常"。

（2）合并句子以下几种情况均可使用合并法：将英语原文中两个或两个以上的简单句合译成一个汉语单句，将英语的主从复合句译成一个单句，将英语中的并列复合句译成一个单句，将两个英语主从复合句译成一个复句。例如：

From my apartment I could see the whole town, the buildings, the flyovers and the ring roads. It reminded me of its past.

从我的房子望下去，能看到整个镇子的面貌，楼房、立交桥、环路，这让我想起了小镇的过去。

（3）合并段落同分译法一样，在翻译段落时，根据目标语言中段落结构的安排需要，有时要对译文的段落进行重新安排、合段翻译。例如：

It was 7:30 in the morning and traffic on the street was heavy.

早晨七点半的时候，街上的车辆川流不息。

（七）注释法

语言负载着大量的文化信息。隐藏在语言中的文化信息常常成为理解语言真实意义的障碍。在汉语中，最典型的例子莫过于"牛郎织女"这一成语，如"他俩现在是牛郎织女"。对于熟悉中国文化的听众来说，理解这句话没有任何难度，但对于不了解中国文化的西方听众来说，理解其中的真实含义确实要费一番周折。在英语中也不乏这样的语言现象，如"He is determined to stay at home, for it is Friday and 13th."这句子在西方人听来没什么不解之处。对于不了解西方文化的听众来说，这未免有些让人摸不着头脑。所以在翻译这类句子时宜使用注释法，也称加词解释法，将隐藏在语言中的文化信息加以解释。

一般说来，注释可采用夹注、脚注和尾注三种方法。夹注放在正文中用括号括起来，夹注法适用于解释简短的信息与文字。脚注可放置于页脚，方便读者参考阅读。尾注放置在译文之后，适用于解释篇幅较长的信息。不管使用哪一种注释法，目的都在于帮助读者理解，加深记忆。例如：

Can the leopard change his spots?

豹子改变不了身上的斑纹（狗改不了吃屎，这叫本性难移）。

[内容小结]

本章是本教材首要关注的问题。在内容上，第一、二节介绍了翻译的定义、特点、分类以及翻译的标准与过程。由于国内外学者的出发点不同，其对翻译界定的角度也不一样，第一节深究了翻译的本质与特点，并从不同角度对翻译进行划分。但是无论如何划分翻译，在翻译时都应该遵循基本的翻译标准与过程，这就是第二节的内容。第三节主要论述了翻译理论与翻译技巧，通过对西方理论的借鉴，使我国的翻译研究逐渐从翻译经验转向翻译理论，从而运用这些理论去指导具体的实践；另外，对于翻译技巧的讲解，有助于读者充分地理解源语与目的语之间的表达异同与真实含义，从而顺利完成翻译。

这几个层面的内容是翻译的基础，只有弄懂了这些问题，才能为翻译理论的发展与实践奠定基础，为以后的实用文体翻译做基本的准备。

第二章　英语商务文体翻译

[本章要点]

随着跨文化交流的进行,世界各国之间的交往变得更加频繁,商务活动也变得越来越多样。商务活动在全世界范围内的展开,需要进行跨文化间的翻译,因此英语商务文体的翻译变得十分重要,并被人广泛关注。由于英语商务文体具有自身的特点,因此对其进行翻译需要遵循一定的原则,在翻译实践过程中也需要使用一定的翻译技巧。本章主要对英语商务文体的基础知识与语言特征进行总结与分析,并在此基础上探讨英语商务文体翻译的原则与技巧,在章节最后列出了一些翻译练习与译文供学习者阅读。

[学习目标]

(1)了解商务文体的基础知识。

(2)清楚英语商务文体的语言特点。

(3)在掌握英语商务文体翻译原则与技巧的基础上,能够顺利展开商务文体翻译。

第一节　商务文体概述

一、商务英语的界定

在1980年,我国的商务英语主要用于对外贸易交往,因此很多人将商务英语也称为"外贸英语",即英语用 Foreign Trade English 来表示。现如今,随着经济的迅猛发展,我国在各个领域、各个层面,与国外的交往日益频繁,因此商务英语的内涵也在不断扩大,甚至成为一门独立的学科。

从表面上可以看出,商务英语涉及商务与英语两个部分。

第一,作为一种语言,商务英语必然用于交际,用于传递信息。其传递的信息可以将商务学科领域的特征凸显出来。

第二,其是在不同的场景中使用英语,因此具备自身的独特性。

当然,需要指明的一点是,商务英语不是商务和英语的简单相加,是二者的有机结合。

商务英语是从专门用途英语中来的,其原本意义指代的是在国际商务活动中使用的语言。之后,随着经济的发展,国与国之间的交往日益全球化,商务与英语之间的融合不断加深,商务英语的内涵也在不断扩大。

商务英语的本体已经从语言学逐渐向其他学科渗透,甚至超出了语言层面,成为可以包含商务大领域的大的概念。商务英语的本体构建应该从学科间的交融出发,不能仅仅置于某一传统的学科框架之内。可见,商务英语是一个动态的、发展中的概念。

二、商务英语的学科属性

(一)研究对象

无论是商务英语这门学科还是其他学科,研究对象、研究方法等都是其重要的基础。当然,商务英语有其具体的研究对象,在确定其研究对象之前,需要考虑如下三点。

第一,商务英语这门学科的性质,其对于研究对象起着决定性的作用。

第二,要明确商务英语研究是否能够收到可靠的结果。

第三,要保证商务英语研究是否可行、是否现实。

随着交叉学科不断出现,很多学科可能研究的是同一方向,这从一定程度上改变了以研究对象作为区分学科的标准。商务英语就属于一门交叉学科,因此对其研究对象的确定也凸显了这一特点。

同时,随着自然与社会科学的进步,很多学科不断交融,因此研究对象也具有了多元化的特点。这就导致学术研究出现了综合性与分化性的趋势。说其具有综合性,即不同学科呈现出自身的优势,对一些相同项目展开研究,对一些相同的问题加以解决。说其具有分化性,即不同学科基于自身的优势,对与其他学科不同的地方展开研究,因此在选择研究对象时能够更加专业化。商务英语研究就是随着时代的发展而不断细化而来的,通过展现自身的独特性,建构自身的目标。

  我国对商务英语的研究对象力度相对较小,但是不可否认其是一个重要的层面,需要共同探讨与研究。否则,将商务英语建设成一门独立学科是非常困难的。

  就商务英语的内涵可以发现商务英语的三重属性。

  第一,商务英语具备跨文化交际的特征。

  第二,商务英语会随着时代的发展而不断发展。

  第三,商务英语是基于语言学建立起来的,其属于应用语言学的一个分支。

  因此,在确定商务英语的研究对象时,应该将上述三点考虑进去。目前,一些专家学者对商务英语的研究对象进行了探讨。

  著名学者林添湖认为,商务英语作为一门独立的学科,其研究对象应该是商务英语教学的规律。具体而言,其研究对象涉及两个部分:一是教学主体、教学客体、教学载体、教学受体这四大层面之间的关系;二是其中涉及需求分析、教材选编、课程设置等重要环节。显然,从这一点可以看出,该学者将商务英语限制到商务英语教学的范畴,即将商务英语教学视作研究的对象。

  著名学者陈淮民、王关富等人对于上述学者的观点是赞同的,认为商务英语的研究对象应该是商务英语教学。他们也认为,就商务英语的发展历史而言,其是在专门用途英语的指导下,开展具有中国特色的英语教学活动。也就是说,对商务英语活动展开完整、系统的描述,从学生的需求出发展开教学,这实际上是将商务英语置于语言学这门学科内容中。

  对于上述观点,笔者都赞同,但是需要注意的是,商务英语除了将教学视作研究对象外,还需要将语言、文化、文体等内容考虑进去。这是因为商务英语属于应用语言学的分支学科,而语言教学也属于应用语言学的范畴,因此除了教学外,还需要将语言本身视作商务英语研究的对象和重点。

（二）研究任务

一般而言，一门学科的任务就是对这门学科展开的总体的规定，而其内容是对该项任务的分解。因此，对一门学科展开研究还需要明确其研究任务，当然商务英语的研究任务也是非常重要的。

众所周知，一门学科涉及两个层面的内涵：理论与应用，因此其研究任务也需要将这两个层面包含在内。商务英语的核心在于对商务英语教学展开研究，也就是说商务英语研究的任务是用什么策略和方式可以使教学更高效。

翁凤翔将商务英语的研究任务分成了以上两个层面，并在两个层面的基础上进行了细分，如图 2-1 所示。

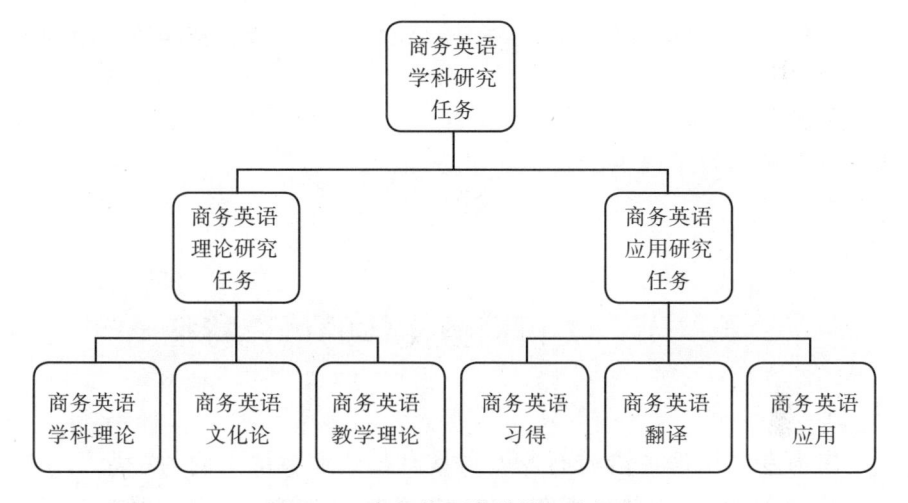

图 2-1　商务英语学科的研究任务

通过图 2-1 可知，商务英语学科的研究对象主要涉及两大层面：理论研究与应用研究。理论研究包含如下三个层面。

（1）商务英语学科理论，涉及该理论的完善与建构。

（2）商务英语文体论，涉及一些特殊文体的功能与呈现。

（3）商务英语教学论，涉及与其他教学相比，商务英语教学的异同点，以及自身优点。

应用研究包含如下三个层面。

（1）商务英语习得，涉及如何基于商务英语教学理论的指导，运用恰当手段习得商务英语知识。

（2）商务英语翻译，涉及商务英语翻译学与其他翻译学的异同点以及商务英语翻译学自身的特殊性。

（3）商务英语应用，涉及商务英语在实际商务活动中的具体实践应用。

(三) 研究内容

就商务英语的研究对象与任务而言，商务英语教学必然成为其主要研究与探讨的内容，这也是其他学科并不参与研究与探讨的部分。因为商务英语教学将语言教学视作核心，并将语言学作为基础理论来探讨，因此商务英语的研究内容对于语言学是非常侧重的。但需要注意的一点是，我国将英语视作第二语言，因此在研究上也会存在差异性。

当然，商务英语的研究内容还涉及心理学的内容。这是因为研究语言必然需要研究人们是如何习得语言的，这与心理活动研究有着密切的关系。另外，商务英语学科的研究也与教育学密切相关，这是因为教育学为商务英语教学提供了教学规律与理论。

第二节 英语商务文体的语言特征

作为专门用途英语的商务英语具有与普通英语不同的特点。在使用上有其独特性，主要表现在文体、语言和文化意识方面。商务文体是随着商品生产及贸易的发展而形成的一种独特的文体形式。商务英语文体不以语言的艺术美为其追求的目标，而是讲求逻辑的清晰和条理性、思维的准确严密以及结构的严谨性。

一、风格朴实，明白易懂

商务英语一般风格朴实，明白易懂，淡于修饰，很少使用比喻、拟人、夸张等修辞手段，目的是提高实效性。商务英语避免使用陈旧笼统的商业术语或套语，而用简明的现代英语来表达。例如，不说"We are in receipt of ...", 而用"We have received ..."; 不说"Express my heartfelt gratitude to you for…",而用 "Thank you for…"。

二、语句简洁明快,逻辑严密

简洁明快主要表现在商务信函中多使用简洁句、简短并列句和简短复合句。例如:

We are delighted to receive your letter of October 25 asking whether we can supply you with Art. No. 2032.

很高兴收到你方10月25日来函询问我方可否供应2032货号产品。

商务英语的逻辑严密性主要体现在商务合同等法律文件多用长句、复合句、并列复合句等法律公文常用句式,以及分隔现象、介词(短语)、插入语、倒装句、被动语态(过去分词)等特殊句型。

第三节 英语商务文体的翻译原则与技巧

一、英语商务文体的翻译原则

(一)准确

商务英语文本往往涉及交际双方的利益,在翻译时必须做到准确无误,否则就会阻碍交易的顺利进行,甚至会制造摩擦、争端。要做到翻译准确,译者首先要对原文有充分理解,其次要联系上下文语境来确定该词在文中的准确含义,然后用准确的词语将原文的含义表达出来。[①] 例如,shipment date 和 delivery date 从字面上看都意为"装货日期",但在商务交往中,这两个词表示的含义有着细微的差异:前者指的是货物装船启运(离港)日期,后者是指货物的到货(到港)日期。译者如果不了解这一差异,就会产生误译,继而造成履约困难甚至引发纠纷。试比较下面四句话。

(1) Rout duties of the Joint Venture Company are to be discharged

---

[①] 温晶晶,王丽,孙先武,代增真,邵杰,樊晓云. 商务英语写作、翻译理论与实践[M]. 北京:中国水利水电出版社,2015:191-194.

by the general manager appointed by the Board of Directors.

（2）Unless the claims are fully paid, ZZZ shall not be discharged from the liabilities.

（3）Subject as hereinafter provided, the Lay time allowed to Buyer for discharging a Cargo shall be seventy-two (72) running hours after the arrival of the vessel at the discharge port including Sundays and holidays

（4）The invalidation, cancellation or discharge of a contract does not impair the validity of the contract provision concerning the method of dispute resolution, which exists independently in the contract.

以上四个句子都含有 discharge 一词，但是在不同的合同条款中，其词义也有很大的区别。第一个句子的 discharge 是动词，意思为"履行"；第二个句子的 discharge 是动词，词义为"免除"；第三个句子的 discharge 也是动词，表示"卸货"；第四个句子的 discharge 是名词，意思为"合约的解除"。了解了 discharge 在每个句子中的具体含义，我们可以将上述四句话分别翻译如下：

（1）董事会任命的总经理，负责履行合营公司的日常职权。

（2）除非这笔债款全部清偿，否则乙方不能免除承担该债务。

（3）在下列所列条件下，每船卸货时间为船舶抵港后72小时，含星期日和节假日。

（4）合同无效、被撤销或解除，不影响合同中独立存在的有关解决争议方法的条款的效力。

（二）简洁

对于商业人士而言，时间就是金钱。商务活动的顺利进行往往意味着巨大财富。因此，商务用语具有简洁明了的特点，同样，商务英语翻译也应该做到这一点。但需要指出的是，简洁并不意味着译者可以随意删减原文信息，而是要求译者在抓住原文主要信息和强调重点的基础上，用最简明的语言表达出原文含义。例如：

Because of their low price and the small profit margin we are working on, we will not be offering any trade discount on this consignment.

译文1：我们经手的这批货物价格非常低，利润少得可怜，所以我们在这笔交易中不可能给你们提供任何的折扣。

译文2：鉴于本批商品价格低廉，利润微薄，本公司抱歉无法给予任何折扣。

译文1在语气上过于口语化，缺乏正式性，且行文烦琐，不符合商务用语的语言特点。译文2采用较为正式的语言，不仅言简意赅，而且风格也与原文相符。

此外，商务英语的简洁性还体现为使用缩略词语上。例如：

THO（though）虽然，尽管
APPROX（approximate）近似的，大约的
BK（bank）银行
MEMO（memorandum）备忘录
im（import）进口
pro（professional）专业人员
BIZ（business）商业，业务，生意，交易
NU（new）新的
D/A，DA（Document against Acceptance）承兑交单
L.B.（long bill）远期票据，长期票据
NIC（National Information Center）国家信息中心
QS（quality specification）质量标准

（三）规范

商务英语的部分体式（如商务信函、商务合同等）在长期的使用过程中形成了较为固定的格式，翻译时必须格式上规范，或与原文格式保持一致，或对原文格式进行调整，又或与目的语格式保持一致。总之要根据不同的体式进行不同的处理。

除格式上的规范以外，商务英语翻译在用语上也必须规范。这是因为，部分商务体式（如商务信函、商务合同等）在长期的发展过程中对某些含义形成了约定俗成的固定表达。对于这些固定表达，翻译时可直接套用目的语中的对应表达方式，以使译文语言显得更加规范。例如：

Dear Sir,

Thank you very much for your interest on our product.

In reply to your enquiry of November 10, we are sorry to say that we cannot divulge any of our sales information. We hope this will not bring you too much inconvenience.

Yours truly,
Alice Austin
（Secretary of the Administration）

敬启者：
　　承蒙贵方对我们的产品感兴趣，十分感谢。
　　兹复贵方 11 月 10 日询价函，我们非常抱歉地奉告，我们不能泄露我方的任何销售情况，我们希望这不会给贵方带来很多不便。
　　敬上

爱丽丝·奥斯汀
（行政管理部秘书）

　　这封信函格式规范、措辞严谨、语气委婉，因此译者也采用了同样的语言风格进行翻译。另外，在翻译 "Thank you very much for..." "In reply to your..." 等信函中的常用句式时，译者套用了汉语信函的固定表达方式，将其分别翻译为"承蒙贵方……十分感谢"和"兹复贵方……"，一方面增强了译文的正式感，另一方面也使译文符合汉语表达习惯，同时也体现出了商务信函的规范性。

二、英语商务文体的翻译技巧

　　商务文体包含的范围非常广泛，如商务信函、商务合同、商务说明书、商标商号等。下面以商务信函和商务合同的翻译为例进行说明。

　　（一）英语商务信函的翻译

　　1. 英语商务信函的特点

　　英语商业信函以书面形式在传递和交换商业信息的同时还体现出一个企业或公司的"门面"和专业形象，因此商务英语信函的规范性和得体性相当重要。同时，随着商务活动的发展，人们越来越崇尚使用那些简洁、自然、通俗易懂而又不失礼节的商务英语信函，那些古板的老套用词已不符合时代发展的要求。

(1)清楚

这里的清楚指的是表达的信息、内容要清楚,要使收信人明白信息的意图。所以,在商务英语信函中清楚的表达十分重要,否则即使信函的语言正确、文明有礼,仍难以使收信人明白。

请看下面例子:

> Dear Mr. Wilson
>
> Thank you for your telephone call.
>
> I have arranged for you to have a meeting with Susan Lander and a separate meeting with Diana Dell in the 16th November. You can meet her at 11 a.m. Unfortunately, she cannot go to lunch with you as they have to attend a sales conference.
>
> With best wishes

上述是确认两个商业面谈的信函,但使收信人很费解,因为写信者在信中使用的代词并不一致,一会儿用 her,一会儿用 she 和 they,到底是谁并没说明,使得信息表达得很不清楚,而且在信的最后也没有署名。

(2)简洁

商务英语信函的文字、语句等表达一定要简洁,但前提是保证信函的礼貌和完整。信函要突出中心和重点,不要绕圈子。所以,商务英语信函一定要使用一些简洁明了的句子和词汇,避免使用那些重复、陈旧的句子和词汇。例如:[1]

[1]

accompany—go with

accomplish—do/finish

accordingly—so

accumulate—gather

accurate—correct, exact, right

modify—change

not later than—by

with reference to—about

advice/notify—tell

---

[1] 张燕红,宋阳明.英语翻译与写作技巧研究[M].成都:电子科技大学出版社,2017:29-33.

be forced to—have to
purchase—buy
solicit—ask
assist—help

②

in your favor—for you
due to the fact that—because
for the purpose of—for
in an effort to—to
in the course of—during, in, when
with/in regard to—about, regarding
prior to—before

上述例子中,①说明一些过时的、生僻的词汇可以用简单的、常用的词汇来代替。②说明重复、烦琐的用语可以用简洁的表达来代替。

(3) 完整

信函中所陈述的信息、数据等事实必须完整,这样才能使收信人做出相应的回应或迅速采取行动。如果信息不完整,就会导致收信人在读信后不能及时做出判断,这样既费时又费力,还会增加商务成本。

来看下面例子:

Dear Ms. Brown

I am writing to cancel my order.
Please can you cancel my order because I do not need the things any more.

Yours faithfully

以上是为取消订单而写的信函,其中就缺少一些必要的信息。上述信函没有一个标题。写信人在信中说要取消合同,但未说明合同编号。取消订单的理由也没有在信中具体说明。写信人向收信人传递的是一个不好的消息,但写信人的口吻却有些轻描淡写,而且在信的最后也没有署名。

(4) 正确

正确包括信函的拼音、语法、标点等应准确无误,这是商业信函的基本要求。在注意语法、拼音等正确的同时,也要注意使用合适的语体风

格,这也是商务英语信函正确的一个体现。例如:①

Group A:

I am in receipt of your letter dated 16 March.

Thank you for your letter dated 16 March.

Thanks for your letter of 16 March.

Group B:

I would appreciate it if you could tell me when the goods will arrive.

Could you please tell me when the goods will arrive?

When do you think the goods will get here?

以上两组内的句子表达的意思相同,只是正式程度不同,从正式到非正式,程度依次降低。这说明,在不同的情况下要使用与之相适应的表达方式,如果在应使用正式的语体时,而使用了非正式的语体,则很容易使收信者产生误会,反之亦然。

(5)具体

在信函中传递的信息一定要具体、生动、形象,要有针对性地提出细节,切忌含糊、抽象的表达。试比较下列两组例子中的句子:

Group A:

The need for creative waste management solutions is increasing each year.

With solid waste increasing at over 14% each year, the need for creative waste management solutions has becoming urgent.

Group B:

Mandy Jones had questions about the proposal.

Mandy Jones had three questions about the proposal.

上述两组中的第二个句子与第一个句子相比较,增加了具体的数据,这使得收信人能更详细地了解信函的内容。

(6)礼貌

在商务活动中,礼貌得体、具有亲和力和人情味的商业信函对于建

---

① 张燕红,宋阳明.英语翻译与写作技巧研究[M].成都:电子科技大学出版社,2017:29-33.

立和维系与客户的关系是十分重要的。因此,商业信函一定注意措辞和语气的使用。例如:①

Group A:

I want you to send me the correct size of the dress. (curt demand)

Would you please send me the correct size of the dress. (more polite)

Group B:

Do you think you could possibly send me the right order this time? (sarcastic)

Would you please replace the order with the one we want? (more polite)

比较上述每组中的两个句子可以看出,第一个例句以讽刺、唐突和无礼的口吻提出要求是很不礼貌的。第二个例句语气委婉、温和,显得有礼貌得多。

(7)避免以自我为中心

商务英语信函应避免以自我为中心,应从对方的角度出发,站在对方的立场上考虑问题。如果信函是写给某个收信人的,应使其感到他/她受到了极大的重视,这对建立双方良好关系十分有利。必要时,可在信中提及收信人的姓名,这样会使对方感受到得到了特别对待。试比较下面两个例子。②

We have received your request for permission to use our computers during the next session for summer school. We are pleased to inform you that you may use all 15 of the laptop computers your requested. Would you please come in and fill out the necessary paperwork any time before May?

Good news, Jessica! All 15 of the laptop computers you requested will be available for use during the next session of summer school. Please come by the office before May 1 to fill out the necessary forms.

以上两封信有着相同的内容,但有着截然不同的风格。第一封信是以自我为中心的,而第二封信是以对方为中心,显然后者给人的感觉更为亲切。

---

① 朱惠萍.商务英语写作[M].北京:首都经济贸易大学出版社,2008:211.
② 陈海贝,魏晓斌,辛瑞青.专门用途英语教学理论与实践研究[M].北京:中国书籍出版社,2015:106.

(8) 直接传递"好消息",间接传递"坏消息"

商务英语信函中所传递的消息并非全都是好消息,传递坏消息的情况也很多,因此对于这两种消息要以不同的方式传递。好消息或者是平常的信息通常以直接的方式表达。当必须对某一请求说"不"时或必须要表达一则令人失望的"坏消息"的时候,以间接方式表达是非常有效的。

请看下面实例:

传递"好消息":

Dear Mr Williams,

Further to our telephone discussion Thursday, I am delighted to tell you that we are now able to reduce the price of our Sony series PSP by 10%. This is due to the recent rise in euro.

We look forward to receiving your order. If you need any further information, please let me know.

Sincerely,

Jim Hutton

Sales Rep

传递"坏消息":

Dear Miss Liu,

Thank you for taking the time and meet us regarding the sales manager position. We were impressed with your background and experience.

However, we are unable to offer you a position at this time. With your impressive credentials, I'm certain that you'll find the perfect job soon. I wish you much success in your endeavors.

Sincerely,

Mandy Lin

Chief of personnel department

(9) 富有人情味

商务英语信函虽然不像其他文体那样随意,但富有人情味的写信风格仍能引起对方强烈的好感,从而缩短和对方的距离。

我们通过比较下面两个例子来对此进行具体说明。

收到开证申请书

Dear Sir:

We wish to acknowledge receipt of your credit application dated October 5 giving trade and bank reference, and we thank you for the same. Please be advised that credit accommodations are herewith extended as per your request and your order has been shipped.

Hoping you will give us the opportunity of serving you again in the near future.

Very truly yours,

Sign

回复：收到证明

Dear Sirs,

Thank you for sending so promptly the trade and bank references we have asked for. I am so glad to say that your order has already been shipped on the terms you requested.

We hope you will give us the chance to serve you again.

Very truly yours,

Jane Austin

很明显可以看出，第一封信语气较为生硬、冷淡，采用的是中性的写作风格，而且还使用了很老套、陈旧的表达方式，如 acknowledge receipt of, hoping...we remain 等。而第二封信比较口语化，富有人情味，表达也非常简洁，使收信人对传达的信息一目了然。

2. 英语商务信函的翻译

（1）套用商贸英语知识

在进行商务英语信函翻译时，可以套用与商贸有关的英语知识，也就是学会用术语译术语、用行话译行话。例如：

Acceptance 接受承兑

Collection 收集托收

Margin 页边利润，比较薄的利润

（2）注意英汉格式的差异

商业信函在长期的使用和翻译中，一些格式已形成一些约定俗成的译法，我们应熟记这些译法，以便在翻译时再现商务英语信函的文体特

点。例如:

信内地址后的一栏的 Attention 应译为"由……过目"。

称呼语 Dear Sirs/Dear Madam/Sirs/Gentlemen,一般不译为"亲爱的先生或先生们",而译为"执事先生/女士"或"敬启者"。这样能够表现出商务英语信函的正式、庄重特点。

正文前的"Re:""Sub:"一般不译为"关于:""主题:",而译为"事由:"。

信末的结束语"Yours sincerely/Yours faithfully",一般不译为"你真诚的",而译为"上/敬上"或复信时译为"……复,敬复"。

(二)英语商务合同的翻译

1. 英语商务合同的特点

(1)多使用正式用语

合同英语有着严肃的风格,与其他英语文本有很大不同。现将一些常见的正式用语列举如表 2-1 所示。

表 2-1 常见合同用语

合同用语	一般用语	汉语译文
approve, permit	allow	允许,批准
as from	from	自……日起
as per/ under/ subject to/in accordance with	according to	按照、根据
as regards, concerning, relating to	about	关于
assign/transfer	give	转让
authority	power	权力
by virtue of, due to	because of	因为
cease to do	stop to do	停止做
commence	begin	开始
construe	explain	解释
convene	have a meeting	召集会议
deem/consider	think/believe	认为
in effect	in fact	事实上
in lieu of	instead of	代替

续表

合同用语	一般用语	汉语译文
intend to do/desire to do	want to do/wish to do	愿意做
interim	temporary	临时
miscellaneous	other matters/events	其他事项
obligation, liability	duty	责任,义务
pertaining to/in respect to	about	关于……
preside	chair, be in charge of	主持
prior to	before	在……之前
purchase, procure	buy	购买
require/request	ask	请求,申请
revise/rectify	correct	纠正,改正
said	above	上述
supplement	add	添加,增加
terminate/conclude	end	结束,终止
variation/alteration/modification	change	改变,变更

（2）多用专业术语

一般人会认为商务合同晦涩难懂,但是合同用词不以大众是否理解和接受为转移。这些专业术语的使用是合同语言准确表达的保障。下面列举一部分这类专业术语。

"房屋出租"用 tenancy,而"财产出租"用 lease of property。

"不动产转让"用 conveyance,而不用 transfer of real estate。

还款或专利申请的"宽限期"用 grace。

"合同任何一方当事人不得转让本合同"英文表述为"Neither party hereto may assign this contract."其中 hereto 表示 to the contract,很少选用 neither party to the contract。

（3）并列使用同义词和近义词

出于严谨考虑,商务合同允许同义词和近义词的重复出现。用 and 或 or 把两个或多个短语并列起来是合同用语的一大特色。例如:

Party A acknowledges and agrees that the technology it will receive from Party B during the term of this Contract shall be kept secret and confidential.

甲方承认并同意在合同期内由乙方提供的技术应属秘密。

(4) 使用 may, shall, must, may not (shall not)

在商务英语中,上面几个词的含义分别解释如下。

may,对当事人的权利进行约定,即可以做什么的问题。

shall,对当事人的义务进行约定,即应该做什么的问题。

must,对当事人的义务进行强制,即必须做什么的问题。

may not (shall not),对当事人的义务进行禁止,即不可以做什么的问题。

需要注意的是,may do 不能说成 can do,shall do 不能说成 should do 或 ought to do,may not do 在美国一些法律文件可以用 shall not,但绝不能用 can not do 或 must not。例如,在约定解决争议的途径时,可以说:

The date of registration of the cooperative venture company shall be the date of the establishment of the board of directors of the cooperative venture company.

合资公司注册登记之日,为董事会正式成立之日。

(5) 借用外来词

商务合同属于法律英语的一类,因此它也会有法律英语的一些特点,如沿用外来语。在商务合同中,比较常见的是拉丁语和法语。例如:

词汇	来源	含义
pro rate tax rate	拉丁语	比例税率
pro bono lawyer	拉丁语	从事慈善性服务的律师
agent ad litem	拉丁语	委托代理人
force majeure	法语	不可抗力

(6) 频繁使用套语

作为一种正式文件,商务英语合同在表达上势必会运用一些固定的模式,长久下来,这些模式就成为约定俗成的表达与套话。常见的套语具体包含如下几点。

if and to the extent

如果……及在……范围内

beyond the control of…

超出……的控制范围／是……无法控制的

including but without limiting…

包括但不限于……

（7）主动语态表责任

为了突出责任人，当谈及当事人的义务时，常常使用主动语态，这样使得责任和权利的划分更加明显。例如：

Party A shall bear all expenses for advertising and publicity.

甲方应承担所有广告和发布支出。

（8）多用陈述句

为了保证商务英语语言表达的客观与真实，将贸易双方的责任、义务都能阐释清晰。在签订商务英语合同的时候，往往会运用陈述句。例如：

The Employer may require the Contractor to replace forthwith any of its authorized representatives who is incompetent.

雇方可以要求承包商立刻更换其不合格的授权代表。

（9）多用条件句

商务合同中会涉及大量条件句，因为双方享有的权利和要履行的义务都要满足一定的前提条件。这些条件句常用 if, in the event of, in case (of), should, provided (that), subject to, unless otherwise 等连接词引导。例如：

In case the Contract terminates prematurely, the Contract Appendices shall likewise terminate.

如果本合同提前终止，则合同附件也随之终止。

2. 英语商务合同的翻译

商务英语合同具有商务英语与法律英语的特点，并且受文化差异的影响，导致商务英语合同的翻译非常复杂与困难。对于译者来说，商务英语合同的翻译不仅需要他们明确语言的正确性，还需要把握具体的原则与策略。

（1）转换译

在商务英语合同的句子翻译中经常用到转换翻译。转换翻译法指的是将句子中的主语、宾语等进行词性的转换，使其更加符合译文的表达习惯。例如：

Partial shipments shall be allowed upon presentation of the clean set of shipping document.

可以允许分批发货,但需提出一套清洁的装运单据。

原文中的主语 shipment 在译文中转换为动词,原文中修饰主语的 partial 转化为状语。

(2)拆分译

用分译法进行翻译时,可以重复先行词,也可用"该""其"等字来表示省译的内容。例如:

The Seller ensures that all the equipment listed in Appendix one to the Contract are brand-new products whose performance shall be in conformity with the Contract and which are manufactured according to current Chinese National Standards or Manufacturer's Standard.

卖方保证本合同附件一所列全部设备都是新产品,是根据现行的中国国家标准或生产厂的标准制造的,其性能符合合同规定。

[内容小结]

商务活动包括不同的专业和领域,因此要想从事商务文体翻译,必须弄清楚商务英语的基础知识与语言特征,尤其要明确英语商务文体的语言风格与逻辑严密性,并把握英语商务文体的翻译原则,即准确性、简洁性与规范性,在此基础上把握英语商务文体的翻译技巧。本章以英语商务信函与合同为着眼点做详细论述,从而更具有实用性。

[翻译练习]

The Google Culture

Though Google has grown a lot since it opened in 1998, we still maintain a small company feel. At lunchtime, almost everyone eats in the office cafe, sitting at whatever table has an opening and enjoying conversations with Googlers from different teams. Our commitment to innovation depends on everyone being comfortable sharing ideas and opinions. Every employee is a hands-on contributor, and everyone wears several hats. Because we believe that each Googler is an equally important part of our success, no one hesitates to pose questions directly to Larry or Sergey in our weekly all-hands ("TGIF") meetings or spike a volleyball across the net at a corporate officer.

We are aggressively inclusive in our hiring, and we favor ability over experience. We have offices around the world and dozens of languages are spoken by Google staffers, from Turkish to Telugu. The result is a team that reflects the global audience Google serves. When not at work, Googlers pursue interests from cross-country cycling to wine tasting, from flying to frisbee.

As we continue to grow, we are always looking for those who share a commitment to creating search perfection and having a great time doing it.

It's best to do one thing really, really well.

We do search. With one of the world's largest research groups focused exclusively on solving search problems, we know what we do well, and how we could do it better. Through continued iteration on difficult problems, we've been able to solve complex issues and provide continuous improvements to a service that already makes finding information a fast and seamless experience for millions of people. Our dedication to improving search helps us apply what we've learned to new products, like Gmail and Google Maps. Our hope is to bring the power of search to previously unexplored areas, and to help people access and use even more of the ever-expanding information in their lives.

[参考译文]

谷歌企业文化

自1998年谷歌创立以来,公司得到迅猛发展,但我们仍然保持着一种小公司的自由氛围。午餐时分,几乎所有员工都在公司的餐厅就餐。大家随意找空位落座,并与不同部门的同事自由畅谈。谷歌一贯秉承创新理念,而这有赖于每位员工都能够敞开胸怀同大家交流思想、分享心得。在这方面,谷歌的每位员工都会身体力行,为公司做出自己应做的贡献,而且每个人都要身兼数职。我们坚信公司的成功离不开每一位谷歌人的敬业奉献,因此在每周五召开的员工大会(TGIF)上会毫无顾忌地向公司创始人拉里·佩奇和赛吉·布林提出各种问题,在排球场上也会酣畅淋漓地给公司高管一记绝杀。

谷歌聘用员工的准则是一视同仁,能力重于经验。谷歌的分设机构遍布全球。公司员工使用的语言多达数十种,从土耳其语到泰卢固语,包罗甚广。通过这些员工,谷歌可以直接接受全球客户的反馈信息。工作之余,公司员工会积极投身各种趣味活动中,这些活动包括自行车越野赛、品酒会、飞行以及飞盘游戏等。

谷歌的发展日新月异、与时俱进,如果您愿意为搜索体验的尽善尽美付出不懈努力,并能做到乐此不疲,我们将热忱欢迎您的加盟。

心无旁骛、精益求精

谷歌志在提供一流的搜索服务。公司拥有全球规模最大的研究队伍,专注于解决各种搜索问题。对于自身的优势。我们了然于胸,也熟知不断超越自我的诀窍。通过我们的努力,数百万的用户得以享受快捷、全面的信息搜索体验,然而我们从未停止前进的步伐:面对各种难题,我们持之以恒、锲而不舍,并将各种复杂问题一一化解,不断优化我们的搜索服务。我们在改善搜索服务方面的不懈努力也为我们提供了知识运用的机遇:将所学的知识应用于 Gmail 和 Google 地图等创新产品当中。我们的愿望是将搜索服务的强大功能应用于人类未知的领域,帮助用户更多地访问和利用生活中不断扩充的各种信息。

第三章 英语广告文体翻译

[本章要点]

随着全球化进程的加快,外国的广告大量涌入中国,国内的一些品牌为了开拓海外市场,也需要通过广告将自己的产品宣扬出去,因此广告翻译就成了一个非常现实的问题。英语广告文体的翻译不仅需要译者具备较强的翻译技巧,还需要把握英语广告文体自身的特点。因此,本章基于广告文体的基础知识,对英语广告文体的语言特点进行梳理,并以上述知识为背景,探讨英语广告文体的翻译原则与技巧,其中穿插了具体的翻译实例,便于学习者学习。

[学习目标]

(1)让学习者了解广告文体的基本概念与知识。
(2)明确广告语言的特征。
(3)把握英语广告文体的翻译原则与技巧,便于学习者能够在翻译实践中灵活选择广告翻译技巧,独立进行跨文化的广告翻译活动。

第一节 广告文体概述

一、广告的分类、功能及要素

(一)广告的分类

广告的种类很多,但从整体上可以归为两大类,即商业广告和非商业广告。商业广告通常是由企业、公司等经济组织推出的以促销为目的的一种广告,而非商业广告则是由政府部门、宗教团体、慈善机构、个人等非营利组织推行的公告、启示、求偶、寻人等广告。

按照地理分类,广告有国际广告、全国性广告、区域性广告和地方性广告;而按客户分类,则有消费者广告和企业广告;以媒体分类的广告有印刷广告(包括报章杂志等)、电子广告(包括广播、电视、网络等)、户外广告和邮寄广告等。

(二)广告的要素

不管是商业广告还是非商业广告都含有以下五个要素。[①]

(1)非人员。广告的对象不是单一的某个人,而是特定的人群或整个公众。

(2)有特定的广告主。任何一个广告都是由一定的人或组织为一定的目的而推出的。

(3)费用。除有些公益广告为免费广告之外,广告的费用一般都是由广告主支付的。

(4)传达一定的信息。广告的信息可以是有关商品的,也可以是有关某种经济、政治、慈善、宗教、寻人、求偶、启示或社会观念的。

(5)通过一定媒介进行传播。大多数广告是通过报纸、杂志、电视、广播、招贴等媒介传递信息的。也有一些广告采用传单散发、邮寄、橱窗布置、商品陈列等形式。

二、广告文体的基本结构

一般来说,一则广告通常由文字和非文字两个部分组成。文字部分主要包括广告的标题、正文、口号和附文;而非文字部分主要包括插图、色彩、外缘和版面设计等。[②] 下面就对广告的文字部分进行研究。

(一)标题

广告的标题是广告的核心部分,一般要选用较大的字体,并放置于广告的醒目位置,以引起消费者的注意。标题通常又包含引题、正题、副题三个部分。

[①] 顾雪梁,李同良.应用英语翻译[M].杭州:浙江大学出版社,2009:172-173.
[②] 潘红.商务英语英汉翻译教程[M].北京:中国商务出版社,2004:182.

一则好的广告标题需要具备四个特征。

（1）位于广告的醒目位置。

（2）迅速引起无目的阅读和收看的受众的注意。

（3）诱使目标受众进一步关注正文。

（4）直接诱发产生购买行为。

广告标题位于广告的最顶端，字体也是最大的。标题在书面广告中具有非常重要的作用。广告标题有以下两种形式。

（1）新闻标题型。这是一种像新闻报道一样的标题形式。它通常会报道新型的商品或者是旧商品最新使用方法。大多数人都喜欢追求新事物，而这类标题就是从人最感兴趣的特点入手，增添了很多吸引力。

（2）直截了当型。该方法针对生活中人们很多未能得以满足的需求，直接抓住问题的所在，给出解决问题的方法。采用此方法应尽量使用疑问句或祈使句的形式。例如：

Discover the wonder of your fist Dash wash！（Dash 洗涤剂）

What MORE for your money？（More 香烟广告）

How to pick cottons that stay pretty？（Sanforized 服装广告）

（二）正文

广告正文就是广告文案中处于主体地位的语言文字部分。正文也是广告最重要的组成部分。它的主要功能有：对广告的主题展开解释或说明，将在广告标题中引出的广告信息进行较详细的介绍，对目标消费者展开细部诉求。[①] 正文没有固定的模式，可以根据商品的性质、广告的目的随心所欲地使用各种文句；体裁上可以用小说体、论述体等；语体上可以用口语体、书面语体等形式。正文的内容可以使用两种类型，即感情型和理智型。前者是激发人的感情和情绪的，而后者旨在刺激理性和理智方面的东西。

（三）口号

口号是广告中的主题语，即用十分精练的语句概括出一则广告的主题，起到加深印象和宣传鼓动的作用，同时也可以体现商品和企业的形

---

① 傅敬民．实用商务英语翻译教程[M]．上海：华东理工大学出版社，2011：250．

象。例如：

Good to the Last Drop.（Maxwell House 咖啡）

Just do it.（Nike 运动鞋）

广告的口号需要做到以下几点。

（1）口号的语气要显得明确肯定，积极向上。

（2）语句尽量短小明了，这样才能引起人们的注意并能方便大家记忆。

（3）要有较强的节奏感，以便消费者阅读。

（4）口号的语言要简洁，多用口语。

（5）广告的含义要富于竞争性，体现企业精神。

请看下面几条广告口号：

Take time to indulge.（Nestle 冰激凌）

Absolute Vodka. Absolute Homage.（酒广告）

The relentless pursuit of perfection.（凌志 Car）

We integrate, you communicate.（三菱电工）

Once is never enough.（AIR FRANCE）

With Independence, ambition and entrepreneurial.（Saturn 公司）

NUTRACEUTICS—Quality living for the rest of your life.（药品广告）

下面通过一些具体的实例来了解一下广告文体的结构。

范文 1：

FINAL Selection

NOW OPEN

Any house can give you a "Family Room".

At Saddlewood you get room for a family.

Like many communities, the homes at Saddlewood at Manchester Farm come with a family room. But, unlike most, our homes also come with room for a family.

Located in a community that welcomes kids, Saddlewood offers swimming and wading pools, a "home-dry" bathhouse, tot lots, play areas and paths for biking and jogging, and a school, safe from your home.

You'll find room to live, room to grow in...four generous

bedrooms...sunny breakfast room, elegant dining room, both with bay windows...a full basement, ready for entertainment, study and bath.

A backyard with room for weekends of cookouts...and a big double garage.

Come and see the community that offers everything a family could want room. From the $230's.

DIRECTIONS: 1 ~ 270 to Clopper Rd.(Rte. 117)W.3 miles, cross Rte 118, right on Hopkins Rd. Sales office on Left.

HOURS: 11 ~ 7 daily

PHONE:(301)428-9185 ARTERY HOMES

这是一则卖房子的广告。这则广告是实实在在的理智型广告,通过对房子的空间、大小、后院等的介绍,使消费者明白这确实是一个适合居住的房子。同时给出的价格也不是太贵,这样就给消费者以物美价廉的印象,更加具有说服力了。

范文2:

Bare essentials,

Bold alternatives.

A quiet confidence

That comes

From within.

Simple pieces,

Simple living,

Another autumn,

An easier style.

——Bloomingdale's store

这是美国著名的百货商店Bloomingdale's的广告。广告采用诗歌体,通过诗一样的语言,创造出生动的意象,旨在使受众对产品产生联想,引起对产品的美好印象。

范文3:

Celestial Seasonings...enchanted

Herb teas.

Enchanted, because no matter what kind of mood you're in, we have a wondrous herb blend that's always in the mood for you. After a gentle night's sleep, you might feel like charging into the streaming sunlight of a brand new day. Let Morning Thunder help your spirits soar. Or perhaps on a soft sylvan eve you just need a little peace and rest. Try sharing a cup of Sleepy-time to round off your tranquil mood.

Visit our wondrous herb teas in your favorite store. And experience a Celestial rainbow of flavors.

The herb tea that's always in a mood for you.

这是一则中草药广告。该则广告就运用了比喻的修辞手法,将这令人心醉的汤药比作天上的调味品,这样这个草药的美味就不言而喻了。

范文4:
Lotto America
THINK BIG
WIN BIG
DISTRICT OF COLUMBIA
LOTTO AMERICA
Wednesday's Jackpot
$8 MILLION
PLAY TODAY!

这则乐透广告是诗歌体的形式。这种形式尽管内容并无太大新意,但是形式新颖奇特,并且简单易懂,易于被消费者所接受。

第二节　英语广告文体的语言特征

一、英语广告文体的词汇特点

广告的作用在于引起公众对于新产品或者新观点的注意和认识。其语言风格独特,在形式上也极具鲜明特色,或行文工整、对仗押韵,或节奏感强、朗朗上口,或一鸣惊人、耳目一新。[①] 因此,一则好的商业广告必须新颖独特,用词更是要简洁生动,具有感染力和吸引力,才能在瞬间抓住读者的注意力,激发他们的兴趣。

---

① 冯莉. 商务英语翻译[M]. 长春:吉林出版集团有限责任公司,2010:173.

一则好的广告要能传达原文信息,具有感召力,在语言的选择上必须要体现出大众化、口语化的特点,即语言要准确洗练。

(一)使用缩略语

许多广告还使用缩写词。现在广告费用极其昂贵,使用缩略语可以降低广告成本,节省篇幅。例如:

(1)Take it to the 'net!'(net 是 Internet 的缩略)
(2)We found'em we got'em.('em 是 them 的缩略)
(3)Nice'n Easy.('n 是 and 的缩略)

广告中使用缩略词,相当广泛,下面我们列举一些常用缩略词,供大家参考使用。

abt.	about	大约
acc.	accout	账目,账户
ad.	advertisement	广告
Apr.	April	四月
Ass.	Association	协会
Aug.	August	八月
Ave.	Avenue	大街
bdg.	building	大楼
B/I	Bill of Lading	提货单
Bros.	brothers	兄弟
C.	cent(s)	分(货币单位)
C·C	cubic centimeter	立方厘米
cent.	Centigrade	摄氏
cf.	compare	比较
CO.	company	公司
Cr.	creditor	货方,债权人
Cub.	cubic	立方的
Dec.	December	十二月
deg.	degree	度,等级
D·O	Doctor of Letters	交货单
doz.	dozen	一打,十二个
ed.	editor	编辑,版本

etc.	et cetera (Latin)	等等
F.	Fahrenheit	华氏的
Feb.	February	二月
fig,	figure	数字
Fr.	France	法国
fr.	franc(s)	法郎
Fri.	Friday	星期五
ft.	foot	英尺
in.	inch	英寸
Inc.	Incorporated	股份有限的
incl.	inclusive	包含的包括
ital.	italic	(印刷)斜体的
Jan.	January	一月
Jul.	July	七月
Jun.	June	六月
kg.	kilogram	千克,公斤
km.	kilometer	千米,公里
kw.	kilowatt	千瓦

(二)语言精练

一般而言,广告都是以简短有力著称,其用词、用语简单明了,通俗易懂。

Intelligence everywhere.

智慧无处不在。

简单的两个单词,一个体现了时代的特点,一个跨越了时空的局限,正是这种简单的语言,打出了一个品牌,取得了巨大的社会效应。

I'm lovin' it.

我爱麦当劳。

该广告用的是最简单的代词和最常用的动词,却展现出了简单的魅力,体现了现代都市人的饮食心理。

Anything is possible.

凡事皆有可能。

上述几个广告简单明了,让人一目了然的同时还记忆深刻,可以说是语言简单凝练的典范。

（三）广告讲求音韵和谐

广告语言的韵律美还体现在结构上，广告语言常采用相同结构的格式来体现其形式美，这种形式符合人们最基本的审美观。[①] 由于中西方不同的审美习惯，中文广告在语言上讲求音韵和谐、形式对称，具有强烈的主观色彩，多通过四字短语来美化产品，如"李宁领带，王者气派"；英文广告则喜欢用文字简朴、结构整齐的句式。例如，"航空牌"人造皮革箱：用料上乘，做工精细，款式新颖，价格合理，规格齐全，欢迎选购。

而西方人受亚里士多德美学思想的影响，认为美的最高境界是"照事物应有的样子去模仿"，表现在广告中就是英语广告通过大量使用形容词以及比较级和最高级来宣传产品。例如，PULSAR 手表的广告是：Intricate, Delicate, Exquisite.

英国语言学家利奇（Leech，1966）将英语广告中经常出现的形容词按其频率高低依次排列，前十个是：(1) new, (2) good/better/best, (3) free, (4) fresh, (5) delicious, (6) full, (7) sure, (8) wonderful (9) clean, (10) special。而在形容词的选择上，西方人似乎更钟爱于形容词的比较级和最高级。

Tastes richer...mellower...more satisfying. （REAL 香烟广告）比较级的连用体现了该香烟的与众不同。

（四）创新拼写以增强吸引力

在广告语中，一些广告工作者为了使广告能够生动形象，故意将那些受众所熟悉的字词换成错误形式，这样不仅达到了引人注意的效果，还能有效传递商品信息，以促使交易完成。然而，此类广告一般在表现原文精髓方面相对欠缺。

只能意译。例如，鸡蛋的销售广告：We know eggsactly how to sell eggs, eggsactly 是 exactly 的变异形式，形式上与 eggs 相呼应。再如，复印服务之广告：Kwik Kopy duplicating center（= Quick Copy duplicating center），在这个实例中，使用字母 K 来代替 Q.C 更能吸引

[①] 杨元刚，赵巧云，余承法.新编汉英翻译教程[M].武汉：华中师范大学出版社，2012：268.

人,因为常规的正字法一旦被突破,并用于创意拼写中,能收到意想不到的效果。

福建金鹿牌蚊香片的广告语是:"默默无蚊的奉献。"作者利用双关语进行宣传,以"蚊"代"闻",既突出了产品无臭无毒的特点,又强调了产品的高质高效,广告形象简洁、生动、鲜明。苹果电脑的广告是:Apple thinks differently(苹果电脑,不同凡"想")。为了表现产品的异国味道,广告中长借用外来词,达到生动形象、吸引消费者的目的。

二、英语广告文体的句法特点

广告用语必须要以最精练的语言,传递出最多的信息,最有效地激发读者的购买欲望。为使语言简洁明了、通俗易懂、引人注意,达到促销的目的,英语广告在句法上多用简单句,少用复合句;多用并列结构,少用主从结构;频繁使用祈使句和疑问句;大量使用省略句;少用否定句,多用肯定句等,形成了广告英语句法的遣词造句多样性。

(一)使用简单句

受到篇幅和时间上的严格限制,广告采用尽可能少的文字最有效地传达信息、抓住受众的注意力。语言结构上要多用简单句,少用复杂句,强调口语性,这是广告英语最重要的句法特点之一。

We're not in the computer business. We're in the results business.

惟我电脑,成效更高。(IBM 电脑)

No caffeine. Virtually no calories. Just a unique, sparkling citrus taste.

不含咖啡因,不含卡路里。独特的柠檬味碳酸饮料。(Fresca 饮料广告)

If you want to put the neon in the shade, the Panda 1,000 is the car to slip in to. You're sting in the lap of luxury. The front seats recline. They're fitted with head restraints. And they're covered in a luxury cloth. Take a peek in your mirror. You'll notice back seats that fold down. So there are bags of space for bags. And a rear wash/wipe. And a heated rear window. Start the engine. You won't hear a roar.①

这是一则汽车广告,句型结构简单,全则广告共十二个句子,只有两个主从复合句,其余十个全为简单句,而且每个句子所含的词组数量也有限,所用词汇绝大多数是为全民所有的普通词汇,通俗易懂,容易被人记忆。②

（二）使用省略句

省略句是广告英语中最引人注目、最具代表性的句型,大量使用省略句成为广告中极为突出的特征之一。省略句用最小的篇幅和最简练的语言,突出中心、语出惊人,省去了与信息无关的成分,使广告更加鲜明、生动,使表达的信息达到了最高度的浓缩,有效地激发了读者的购买欲。广告英语中省略的对象较为广泛,常见的成分有:主语、谓语、宾语、表语、介词、连词、关系词、限定词及比较状语从句。

请看下面几则广告,括号内的词语是省略掉的句子成分。

(Do you) Need a cleaner that shines without scratching? (清洁器)

The spirit of Marlboro (is) in a low tar cigarette. (香烟)

(Have you) Found it? Congratulations! You've found the post office that's looking for you. (邮电广告)

（三）采用陈述句

通常情况下,广告讲求突出重点、清楚醒目,而无须受限于严密的语法结构,因此多偏向于使用精辟的简单句,将尽可能多的信息浓缩在较短的篇幅内,言有尽而意无穷。因为广告需遵循 KISS 原则,应用最简练的语言达到最好的宣传推广的作用。例如:

We lead. Others copy.

我们领先,他人仿效。("理光"复印机)

（四）善用祈使句

祈使句可以间接地说明产品信息,达到直接鼓励或劝说的目的,能够从消费者角度出发设置文案,能够很好地打动消费者。例如:

---

① 华先发. 翻译与文化研究（第 2 辑）[M]. 武汉：长江出版社, 2009.
② 同上。

Visit an authorized IBM Personal Compute dealer.（IBM Personal Computer）

拜访 IBM 家用电脑指定经销商。（IBM 家用电脑）

三、英语广告文体的修辞特点

广告语言要求有艺术性，就必须使用一定的修辞手法进行修饰。修辞是为增强表达效果而对语言进行加工的一种活动。在广告文案中，经常运用的修辞格有：比喻、双关、仿拟、押韵、排比和夸张。

（一）比喻

比喻具有生动形象的特点，将产品通过比喻的形式展现出来，能够帮助消费者理解，实现交易成功的目的。

1. 明喻

在明喻中，本体和喻体之间常用 as, like 等标志性词语连接起来，从而使人产生一种清晰而且具体的联想。例如：

What's on your arm should be as beautiful as who's on.
戴在您手臂上的东西应当与您本人一样漂亮。

——手表广告

Choose a pot like you choose a husband.
像选择夫君一样选择一个锅。

——炒锅广告

Now renting a car is as easy as signing your name.
现在租车同签名一样容易。

——出租车广告

2. 暗喻

暗喻是指根据两个事物间的某种共同特征或某种内在联系，把一个事物的名称用在另一个事物的名称上，说话人不直接点明，而要靠读者自己去领会的比喻。在暗喻中没有 as, like 之类的介词将本体与喻体连接起来。广告中的暗喻比较含蓄，更可激发读者丰富的想象。例如：

EBEL the architects of time.

"依贝尔"手表——时间的缔造者。

——手表广告

Step into our homes and you'll step into a world of space and light.
踏进我们的房间,您就踏进了一个宽敞明亮的世界。

——房屋销售广告

Our big bird can be fed even at night.
即使是夜晚,我们也给"巨鸟"喂食。

——法国航空公司广告

(二)双关

双关语指同形异义词或同音异义词的巧妙运用。在英语广告中双关语的运用能够增添广告的趣味性和幽默感,让消费者比较轻松愉悦地接受广告中传递的商业信息。例如:

MAKE TIME FOR *TIME*.
留出时间读《时代》。

——《时代》杂志广告

Different countries. Different languages. Different customs. One level of comfort worldwide.
不同的国家,不同的语言,不同的风俗,同样的舒适。

——航空广告

(三)拟人

在广告中,常常通过把产品拟作人,使其具有人的外表、个性或情感从而更加生动、形象、具体地描述出该产品的某个特点,引起消费者的购买欲。事实上,它是一种讽刺性的模仿。仿拟又称仿化,既仿造,又变化。这一修辞用在广告中可使之生动活泼、幽默诙谐,并能使人产生联想,加深印象。例如:

PAINT THE TOWN ROUGE
ROUGE香槟酒,为您的生活添色彩。

——香槟酒广告

Wearing is believing.
一穿便知。

——内衣广告

Better late than the late.

晚到总比完了好。

——安全行车公益广告

(四)押韵

将产品信息与音韵美完美融合,使消费者在感受文字美的同时,了解到其背后的意义和价值。[①] 例如:

A happy ending starts with a good beginning.

美满的结局始于良好的开端。

——书籍广告

总之,广告是艺术含量很高的一种宣传手段,给消费者以美的享受是广告的一个功能。成功的商业广告英语,语言优美、和谐、生动、简洁、幽默,使人过目不忘、回味无穷。而实现广告语言艺术的关键,是如何运用三类修辞手法:如语义修辞,明喻(simile)、暗喻(metaphor)、双关(pun)、夸张(hyperbole)、仿拟(parody)和拟人(personification);句法修辞,排比(parallelism)、反复(repetition)、设问(rhetorical questions)和对照(antithesis);语音修辞,头韵 alliteration)、尾韵(consonance)、叠韵(assonance)、拟声(onomatopoeia)和感叹词(interjection)。下面来看一些广告中使用修辞的案例。

A computer that understands you is like your mother.

电脑如同母亲一般理解自己的孩子。

这是一则明喻的广告。此广告把电脑对人的理解比作母亲对孩子的理解,突出了该电脑人性化的特点。

A Dream Price. A Dream Opportunity.

理想的价格。理想的机会。

Making a big world smaller.

我们把世界变小了。

这是德国汉莎航空公司的一则广告,用夸张手法来表明该公司有飞往世界各地的航班,很快便可以到达目的地。

---

① 李萍凤.英汉商业广告翻译中的文化及语言差异[J].对外经贸实务,2011(7):70-72.

（五）夸张

通过对产品的夸张的描述,能够使宣传效果加倍,放大产品功效给消费者留下深刻印象。

Take Toshiba, take the world! （东芝）

这则广告通过夸张的手法表明,使用东芝笔记本电脑就是把握了全世界,说明了东芝产品的优越性能。

第三节 英语广告文体的翻译原则与技巧

一、英语广告文体的翻译原则

广告最主要的功能在于它的劝说功能,即要在瞬间引起消费者的注意,号召他们接受广告语所宣传的产品或服务。广告翻译应遵从以下原则。[①]

（一）简洁富于创新

广告语言本身就是充满丰富的想象力和极大的创造性,为了产生强大的促销力,广告文案或点子必须富有创意。只有具备出奇制胜的创意,吸引受众的注意,才能打动受众的消费心理,促动受众的消费行为,产生持久的效力。同时,还应注意译文的简洁,以便让读者一目了然,更好地了解和记住产品或服务。

（二）审美诉求

任何俗气、无美感的广告,生命力都非常有限,时间稍长就会引起受众的反感。广告的美感标准并不一定要求文案或译文必须优雅、华丽,但它必须意境深远而又通俗、易懂、易读、易记,有助于企业树立、维持或强化持久的品牌形象。

---

① 贺雪娟.商务英语翻译教程[M].北京:外语教学与研究出版社,2007:100.

第三章 英语广告文体翻译

（三）受众文化的认同

广告是一种营销手段，广告翻译必须考虑广告的受众。各个民族、国家都有各自的文化禁区。在一种文化中非常有创意、有美感价值的内容，到另一种文化中可能会因为文化价值取向不同而产生截然不同的效果。充分考虑文化差异，使广告译文对文化背景迥然不同的受众也具有感染力。

二、英语广告文体的翻译技巧

（一）意译法

一般情况下，不同读者受到的文化差异的影响，也会在阅读与理解方面存在一定的差异。意译对读者来说较为友好，有很强的可读性，但也会存在有失忠诚度的问题。在广告翻译实践中，归入该种翻译类型的广告比例显然是最高的。例如：

喝一杯即饮柠檬茶令你怡神醒脑！

译文1：For refreshment? A Glass of instant Lemon Tea!

译文2：Drinking a glass of instant Lemon Tea makes you refreshed.

译文1为了吸引消费者的注意，原来的广告结构被分为两个部分。第一部分改为疑问句来引起消费者的兴趣，而第二部分通过祈使句的使用从而达到劝说和说服的效果。试想，我们饮用茶水的目的不就是提神醒脑吗？因此，该广告通过提问和劝说的方式让消费者非常乐意地接受了该饮料。而如果此广告按照直译的方法将原文译为译文2，广告效果则会平淡死板。

"能宝"营养液诚为您佳节的健康饮品。

译文1："Bear Treasure" is the Healthy Drink for Your Holiday Season.

译文2：Never Forget Health Drink, "Bear Treasure" is Your Holiday Comfort.

从表面上看，译文2对原文的忠实度似乎很低，但是仔细推敲一下，"熊宝"营养液不就是希望人们在逢年过节时馈赠亲友能够选用吗？译文看似改动较大，实则对原文的关键词均有所保留，如：Health Drink, Holiday。通过比较，我们可以看出译文2的译法非常具有说服力并且很容易吸引消费者的眼球，相比较而言，译文1试图通过直译来还原原文,翻译较为平淡,而译文2祈使句的使用更接近英文广告的句法特点,读起来节奏较快,很容易让人记忆深刻。

(二)套译法

汉语中的不少广告借用现成的成语、谚语、短语等来获得产品的宣传效果以达到预期目的,译文译者若能正确地借用英语谚语翻译汉语广告,做到译文与原文相契合,传达出广告原文的语言内涵,肯定能够产生强烈的宣传效果。如松下电器的广告:"千里之行,始于松下。"实际上,我们在广告翻译中也可采用这种方法。

中原之行哪里去?郑州亚细亚。(亚细亚商场)

While in Zheng zhou, do as the Zhengzhounese do–Go shopping in the Asian Supermarket.

这则广告的独特之处在于它借用英语谚语 While in Rome, do as Romans do(入乡随俗)。要传达的信息是:只要在中原购物,所有的人都会不约而同地选择亚细亚,作为购物者,我们也不妨入乡随俗吧。

(三)创译法

创译法根据产品的具体情况及当地的语言或风俗习惯,翻译创造出一个新的广告语言。例如,洗发水"海飞丝"本意是"头和肩膀"(Head & Shoulders),源于英语习语 down from head to shoulders,形容长发飘然,汉译名令人联想到飘飞如丝的秀发。具体到广告语的翻译如下例:

爱您一辈子。(绿世界化妆品)

Love me tender, love me true.

"Love me tender, love me true."与"爱您一辈子"在字面上看似乎相去甚远,然而 tender 和 true 却是爱一辈子的真谛,同时它又是该化妆品牌对消费者承诺的一个对应的双语广告宣传,具有清澈透明、窖香浓郁、绵甜柔和、回味悠长等特点。

(四)补偿译法

有些广告语只能翻译出表面意思,其深刻含义很难体现出来,此时可以借助一些补偿译法进行完善,进一步发掘原句中所蕴含的引申义并加以补充,使原句的深意得以体现,显示原句的真实功用。因此,通常情况下,如果译文意义超出原文,这就是补译法。例如:

品质优良，书写润滑，美观大方。（上海"中华"牌铅笔广告）

译文 1：Superior in quality：Smooth in writing；Excellent in appearance.

译文 2：Zhonghua quality Pencils meet your demand for an ingenious design and natural flows.

从结构上看，译文 1 的直译法忠实于原文，通俗易懂。然而，从产品的宣传效果上看，它略显僵硬的结构以及对产品名称的忽略对消费者来说，并没有太大的吸引力。而译文 2 重新组织了原文的结构，虽然对原文忠实程度有所降低，但是产品的关键信息包括深层次的信息却都体现出来了（产品的品名、优点）。这样的译文真是体现了广告人的"良苦用心"。再如：

结联世界，着想中国。（"联想"电脑广告）

Legend：Linking China with the World.

上述广告在译文中加入主语，巧妙地引出了广告的品牌并对广告的内涵作出了解释，其意境更加深远、内容更加贴切。

下面通过一些范文实例来分析。

范文 1：

Look,

Lustrous eye shadows with new Silkylide Formula.

Look again. Colors that last so long. Blend so smooth. Stay so true. (That's no lie!)

Look again. 35 jewel-like tones to try 7,175 combinations for just 2 eyes.

Look again. A lifetime of perfect coordination. CUSTOM EYES from Revlon.

Look again. And you'll never look back.

请看，以滑丝新配方制成的亮光眼影。

请再看，经久不褪的色彩；匀称平滑的调和。形象逼真。（绝非谎言！）

请再看，有 35 种宝石般的色调任你选用。仅仅为了一双眼睛，就有 7175 种组合。请再看，完美和谐的一生。来看 Revlon 的 CUSTOM EYES 眼影。再看一看，你将永远不再追忆过去。

赏析:[①]

(1)化妆品广告翻译应注意译文的音韵美、节奏美和形象美。在选词上,要选用富有美感和韵律的词汇,充分利用汉语词汇的联想意义。在句式上,应讲究音节对称,通顺流畅,这样能较好地体现广告原文的表现力和感染力。该则化妆品广告为描述体。广告以感性诉求的方式,通过重复、排比和双关等多种修辞手法,对 Revlon 的 CUSTOMEYES 眼影进行生动细腻的描绘,引发消费者美好的联想。

(2)词汇特点。在选词上,译者在翻译过程中摆脱了原文的束缚,选用能唤起女性消费者爱美之心的美好词汇。例如,滑丝、亮光、经久不褪、匀称平滑、宝石般的、完美和谐等。这些富有感染力的词汇在语篇中构成了美的意境,复现了原文中产品的特点,激发了读者的联想,促使她们相信该产品确能带来她们所期望的功效。

(3)句式特点。广告原文句式上多使用祈使句、排比句和省略句。"Look/Look again"重复使用,加强了语势,富有节奏美。省略句的使用使得句式更加简洁明快。汉语译文保留了原文的句式特点和节奏美。"请看""请再看"重复使用,句式排列整齐,通顺流畅。此外,"请再看"中"请"字的添加,符合汉语表达习惯,也使得广告语气礼貌委婉。

(4)修辞特点。在修辞上,主要使用重复和排比的手法,如:"Colors that last so long. Blend so smooth. Stay so true."汉语译文采用言简意赅的四字格的对称结构:"经久不褪的色彩,匀称平滑的调和,形象逼真",表现了产品的品质特点。

此外,"Look again. And you'll never look back."一语双关。根据语篇,you'll never look back 字面意思为"你再看一遍,就不用再回头看了",意即:你已经决定购买我们的产品了。而 look back 作为短语,还有"回顾,追忆"的意思。you'll never look back 意为"你将永远不再追忆过去",意即:使用了我们的产品,你将永葆青春,无需因红颜已逝而追忆过去。

范文2:
When something borrowed
Blew something blue...
Comfort was there.

[①] 傅敬民.实用商务英语翻译教程[M].上海:华东理工大学出版社,2011:265.

第三章　英语广告文体翻译

Southern Comfort—The Spirit of New Orleans Since 1860.

The musical influences were borrowed. So, too, were the first instruments used by pioneers like Louis Armstrong and Sidney Bechet. From these humble beginnings, Jazz began to take the music world by storm.

借着金馥酒的灵感，吹奏出忧郁的蓝调……

凭这借来的灵感和借来的乐器，爵士乐手们从这里起步，征服了音乐世界。

金馥酒——新奥尔良的名酒，新奥尔良的精神。

赏析：

这是著名的Southem Comfort酒（"金馥香甜酒"，又译"利口酒""金馥南方安逸香甜酒"）的广告。该广告的独特之处在于以爵士乐为着眼点，广告的创意有着深刻的文化蕴含。较之多数国内酒类广告宣传亲情和友情来说，该广告独具匠心。译文在对美国文化传统了解的基础上，摆脱原文思路的束缚，着眼于广告原文的文化内涵和实际效果，综合采用拆分、释义、化简、改写等方法对广告进行了重新打造，创造了将诗歌、美酒和音乐融为一体的意象，可谓佳译。

该广告的翻译基于对美国传统文化的正确解读。金馥酒是美国香甜酒的典型代表，19世纪在新奥尔良诞生。新奥尔良爵士乐是爵士乐最早的音乐风格。新奥尔良爵士讲究合奏，给人的感觉是激烈、兴奋并充满生机。新奥尔良爵士的代表人物路易·阿姆斯特朗（Louis Armstrong）是19世纪美国家喻户晓的小号吹奏家，享有"爵士乐之父"的称号；西德尼·贝彻（Sidney Bechet）是爵士乐史上以高音萨克斯风为主奏乐器的第一人，也是著名的单簧管演奏家。这些清贫而热爱生活的乐手，在买得起自己的乐器前，总是借别人的乐器来演奏。然而，就是用借来的乐器他们首创了风靡世界的爵士乐曲。

在中国，古老文化里透露出来的也尽是酒香、酒气和酒的精灵。没有酒的诗词歌赋，是没有魂灵的飘浮在社会上的尘沙，是不会流传下来的。从音乐着手来宣传美酒，在中国是很容易被人接受的。然而，在中国文化中，人们对爵士乐有所了解，但是Louis Armstrong和Sidney Bechet两位著名音乐家的名字并非尽人皆知。对此译者采用释义和模糊处理的方法，译为："爵士乐手们"。

广告首句为诗歌体：
When something borrowed
Blew something blue...
Comfort was there.

译文保留诗歌体的表现形式，因为在中国文化中，诗歌、美酒和音乐的意象融为一体：

借着金馥酒的灵感，吹奏出忧郁的蓝调……

广告口号"Southern Comfort—The Spirit of New Orleans Since 1860"一语双关。该句一重含义为：早在19世纪中期开始，Southern Comfort就是新奥尔良的名酒；另一重含义为：自爵士乐首创时期开始，Southern Comfort就是开拓、创新、乐观这种新奥尔良精神的象征。译文对这双重含义释义，并采用重复的手法以加深受众印象。

范文3：
Bare essentials,
Bold alternatives.
A quiet confidence
That comes
From within.
Simple pieces,
Simple living,
Another autumn,
An easier style.
——Bloomingdale's store

清透的质地，
大胆的差异；
自强必自信，
不必高声语。
简约的设计，
淡雅的起居；
徐徐又一秋，
如今更随意。
——Bloomingdale's 商店

第三章　英语广告文体翻译

赏析：

该广告是美国著名的百货商店 Bloomingdale's 的广告。广告采用诗歌体,通过诗一般的语言,创造出生动的意象,旨在使受众对产品产生联想,引起对产品的美好印象。译文亦采用诗歌体,以实现文体信息的对等。广告的解读基于对美国文化背景的了解。Bloomingdale's 是美国著名的百货商店品牌,又叫 Bloomie's,成立于 1861 年,是美国梅西百货(Macy's Inc.)旗下的连锁商店,在美国有 36 家分店。Bloomingdale's 的气氛与品牌比较年轻化,非常前卫,但也很务实,加之其价格定位合理,使它成为人人喜爱的购物天堂。

韵律美和节奏美的体现:诗歌主要以韵律和节奏体现音美。韵律中主要是叠音、头韵和尾韵。"Simple pieces, Simple living"中两个 simple 是叠音。"Bare essentials, Bold alternatives."中 bare 和 bold 为头韵,essentials, alternatives, pieces, comes, confidence 押尾韵。译文主要采用尾韵以保留原文的音美:"地""异""计"和"意"押尾韵;"语""居"和"秋"押尾韵。

A quiet confidence

That comes

From within.

该句原意为:我们的自信源于我们内在的自强自立,无需大肆宣传,你就能感受到我们的自信自强。译文对原文进行了重新组合,并借用中国古诗词"不敢高声语",译为:"自强必自信,不必高声语。"

Another autumn, 加 easier style. 该句译为:"徐徐又一秋,如今更随意。"加之前面"自强必自信,不必高声语"的意境,很容易使人联想到唐朝书法家虞世南托物寓意的诗句:"居高声自远,非是藉秋风。"蝉由于栖息在高高的梧桐树上,它的叫声自然能传得很远很远,并不像一般人以为的那样是借助于秋风的传送。这一独特的感受所揭示的真理是:品格高洁的人,并不需要某种外在的凭借,自能声名远播。广告译文通过这些意境,让人自然联想到该百货商店的品牌文化:经典高尚的品牌,优雅而简约、华贵而自信。

[内容小结]

广告是企业扩大知名度的重要手段,是赢得更多消费者的重要方式。为了更好地进行推广,就必然需要重视英语广告文体的翻译。本章以广告文体的分类、功能、要素、基本结构为切入点,探讨广告文体的基础知识,进而分析英语广告文体的词汇、句法以及修辞特点,最后通过对翻译原则、翻译技巧的论述,以更好地指导英语广告翻译实践,并给予了具体的翻译案例,便于学习者了解与把握。

[翻译练习]

(1) Above all in refreshment.

(2) A modern car for a modern driver.

(3) A Simple Solution For A Healthy Home.

(4) Do your teeth a favor.

(5) ASIAN TIMES. YOUR ASIAN INSIDER.

(6) Its sound is as unique as its shape. Its brakes are as unique as its engine. It's not built to be something to everyone, buy everything to someone.

(7) We take no pride and prejudice.

(8) Ludanlan—Love me tender, love me true.

(9) Wear it and be happy.

(10) When you're sipping Lipton, you're sipping something special.

(11) Think different.

(12) Impossible made possible.

(13) Cleans your breath while it cleans your teeth.

(14) Put it all behind you.

(15) I have no excuses. I just wear them.

(16) Enjoy your ear whenever you hear.

(17) Make yourself heard.

(18) Connecting People.

(19) Dale Batteries: the original and still the best

(20) Let's make things better.

(21) 4ord costs 5ive% le$$ (Ford)

[参考译文]

(1) 雪乐门,心旷神怡的极品。

(2) 现代人开现代车。

(3) 保持家庭健康的简便方法。

(4) 令您皓齿生香。

(5)亚洲时报——令你亚洲万事通。

(6)它有独特的声音与外形。它有独特的制动与引擎。它并非为所有人而制造,但它能够满足有些人的所有要求。

(7)我们既不傲慢,也无偏见。

(8)绿丹兰——脉脉含情,情意真真。

(9)真香,真乐!

(10)抿口立顿,体味非凡。

(11)所思所想与众不同。

(12)使不可能变为可能。

(13)既洁齿,又生香。

(14)把所有的都放在身后。

(15)我无法解释,我就是爱穿它。

(16)随心所欲,想听就听。

(17)理解就是沟通。

(18)科技以人为本。

(19)戴尔电池:独创最佳

(20)让我们做得更好。

(21)福特为您省5%。(福特汽车)

第四章 英语旅游文体翻译

[本章要点]

旅游文本往往是对旅游景点的介绍,为旅游者提供旅游介绍或者旅游指南等类型的文本。旅游文体属于一种实用型文体。由于旅游活动涉及旅行社、交通、住宿、娱乐、纪念品等多个方面,这就使得旅游文体的内容非常广泛。随着国与国交往日益紧密,旅游业发展非常迅速,对旅游文体的翻译也成为一个重要的研究问题。本章从旅游文体的基础知识入手,介绍英语旅游文体的语言特点,然后对英语旅游文体的翻译原则与方法展开分析。在此基础上,通过具体的翻译实践来加强本章论述的实用性,便于学习者掌握。

[学习目标]

(1)了解什么是旅游文体。

(2)把握英语旅游文体的基本语言特点。

(3)掌握英语旅游文体的翻译原则与策略,并能够在日常生活与交际中展开英语旅游文体翻译。

第一节 旅游文体概述

一、旅游的含义

美国学者伯特·麦金托什和夏西肯特·格波特(1980)认为,旅游是游客、旅游企业、东道政府及东道地区的居民因为相互作用而产生的一切现象和关系的总和。

第四章　英语旅游文体翻译

维也纳经济大学旅游研究所对旅游下了定义，其指出旅游是暂时在异地的人的空余时间的活动，该活动大体具有以下三种目的。

（1）改变关系。

（2）提升修养。

（3）扩大知识面和交际面。

马丁·普雷博士（1979）认为，旅游是为了消遣而在某一个国家逗留超过24小时。

瑞士学者汉泽克尔和克拉普夫（1942）强调，旅游是非定居者的旅行和暂时居留而引起的现象和关系的总和。这个定义也称为艾斯特（AIEST）定义，是国际上被普遍接受的定义。

德国的蒙根·罗德（1927）指出，狭义的旅游是消费者为了满足生活和文化的需要，暂时离开自己的住地而逗留在异地的人的交往，这是从交往的角度出发提出的定义。

世界旅游组织（1995）指出，旅游是人们为了休闲和其他目的，离开惯常环境，在某些地方停留不超过一年的活动。

我国经济学家于光远（1985）认为，旅游是现代社会中居民的一种短期性的特殊生活方式，具有异地性、业余性和享受性的特点，这是从生活方式的角度出发提出的定义。

我国学者谢彦君（2004）指出，旅游是个人以前往异地寻求愉悦为主要目的而度过的一种具有社会、休闲和消费属性的短暂经历。

英国学者伯卡特和梅特列克（1974）强调，旅游是人们离开平时生活的地方，短期住在一个旅游目的地的各种活动。

二、英语旅游文体

旅游（tour）一词来源于拉丁语的 tornare 和希腊语的 tornos，原意为"围绕一个中心点或轴的运动；车床或圆圈"，后演变为"顺序"。词根 tour 的不同后缀也有其不同的意思，但这些意思都表明旅游是一种往返的行程，完成这个行程的人被称为旅游者（tourist）。相应地，旅游英语文体研究主要是针对工作过程中所涉及的旅游展开研究的。[1]

因为旅游产业由多种产业构成，如交通业、餐饮业、住宿业、娱乐业

---

[1] 林莉. 专门用途英语课程与教学研究 [M]. 北京：中国商务出版社，2011：190.

等,是一个群体产业,形式多样而且分散,所以旅游这一概念存在模糊性。对于旅游的定义一直处于不确定的状态,直到1955年,世界旅游组织给旅游下了明确的定义,即旅游是人们为了休闲和其他目的,离开他们惯常的环境,到某些地方去以及在那些地方停留的活动。世界旅游组织明确的这一旅游的定义受到了普遍的认同,但对旅游的定义并不止这一种,不管哪种定义无不包括三方面的要素,即出游的目的、旅行的距离和逗留的时间。

下面通过一些具体的实例来了解一下旅游文体的结构。

案例一:

Venice— The City of Water

What images come to mind when you think of a trip to Venice? No doubt you imagine yourself taking a romantic gondola ride along narrow canals and under delicate bridges. Perhaps you picture the beautiful old buildings and famous works of art that have made the city one of Europe's leading tourist spots.

Venice was built on more than 100 islands and has about 150 canals. The best-known of these, the Grand Canal, functions as the "main street" in the part of the city most popular with visitors. The canal winds through each of the six districts that comprise this historic city center before reaching Venice Lagoon.

One of these districts, San Marco, is home to many of Venice's main attractions, including St. Mark's Basilica. This spectacular church has five main arches and some extraordinary onion-shaped domes. It is decorated with priceless treasures, many of which were stolen from other countries when medieval Venice was a leading sea power.

St. Mark's Basilica stands one end of St. Mark's Square. Napoleon called the square the "finest drawing room in Europe." Tourists have been going there for centuries to visit its celebrated cafe and get a taste of the party atmosphere.

The best time to visit Venice is during the clear spring days of March and April. From June to August, the city is hot, sticky, and crowded with tourists.

Autumn is quite pleasant, but winters are cold. Floods are common in November and December, presenting Venetians with one of their most difficult and ongoing problems.

It is well-known that Venice faces an uncertain future. The city is sinking into the sea, its historic buildings are falling to pieces, and the famous lagoon is badly polluted. Unless solutions are found soon for these complex problems, the "Queen of the Adriatic" as Venice is sometimes called, will not be able to sit on her watery throne for very much longer.

案例二：

Experiencing Scotland

In order to see and discover the true soul of Scotland today, what forged the character of this splendid region, we have to go towards the northern regions, to the Grampian Mountains. Beautiful and unspoiled, it was difficult to farm. The Scots subdued the environment with simple spades and strong arms.

The history of this ancient struggle, and its people's ancient love affair with the hard land, is enclosed within the walls of the Angus Folk Museum. You are able to get a feel of the typical rural atmosphere of times past from the everyday artifacts displayed here.

From coastal Aberdeen in towards the interior of the Grampian Mountains there runs the Castle Trail, a road that touches on many fortresses, which are witnesses of continual revolts against the dominion of neighboring England in Scottish history.

Perhaps the most uplifting moment for Scottish autonomy is the one experienced inside this ancient abbey of Arbroath, where, in 1320; the Declaration of Independence was celebrated, at the instigation of King Robert the Bruce. He carried out the plan for autonomy drawn up by the great popular hero William Wallace, to whom cinema has dedicated the wonderful film Brave heart, the winner of five Oscars.

This is Glamis Castle. It is often remembered for being the residence of King Macbeth and Queen Elizabeth in her childhood. Among the most assiduous guests here are the inevitable ghosts, which are nourished, if not actually created, by ancient popular beliefs.

These have been handed down over the centuries by a people inclined to live with mystery, with the forces of the supernatural.

Another attraction here is a legendary monster the Loch Ness Monster. Is it real or imaginary, this monster, which has been nicknamed Nessie, has collected a good 3,000 sightings over the last 50 years. To fuel the debate about the monster, and perhaps also curiosity about the lake, a price of 500,000 pounds sterling has been put on Nessie's head.

The true flag of Scotland, tartan, is recognizable from the brightly colored plaid patterns which are used to distinguish the various clans. Over the last few decades this fabric has made a comeback and is part of the daily life of this country.

The typical Scottish garment, the kilt, is de rigueur when the Scots play the Great Highland bagpipes, especially when they march in parades. Bagpipes and dancing open the competitions of local sporting events, which are called Highland Gatherings. The games, which have strange rules, involve a spirit that has more to do with brute force than with athletics.

第二节 英语旅游文体的语言特征

一、词汇特点

词汇的特点可以从三个方面来分析。[①]

第一,多使用形容词。这是因为形容词使英语旅游文本的语言丰富、生动、优美,对旅游爱好者产生巨大的吸引力,而形容词的最高级则更加突出了景点或文化的与众不同,给读者留下深刻的印象。

第二,采用褒义词。正是因为英语旅游文本的最终目的是要引起听者、读者的共鸣,引发积极联想,所以作者不会采用任何贬义或负面词

---

① 王焱,魏芳.现代实用文体的写作与修辞探究[M].北京:中国纺织出版社,2018:186.

语来进行描述。

第三,常用数字来增强宣传内容的可信度,更准确地传递信息,实现信息功能。另外,需要注意的一点是,口头导游词多使用人们熟知的词汇,简单易懂;而书面宣传材料多选用书面用语,语气较为正式。例如:

Many of the grandest Las Vegas casino hotels are located along the strip. More than a dozen giant theme oriented casinos are on the strip. Even the smallest has over 2,000 rooms. Each one contains thousands of slot machines, hundreds of gaming tables, multiple restaurants , shopping malls and theaters featuring " Las Vegas Shows".

这段文字中,选用了形容词 located, giant, oriented, multiple;两个形容词最高级的使用,即 grandest 和 smallest,凸显了拉斯维加斯赌场的规模;数字的加入,如 a dozen,2,000,thousands of, hundreds of,增强了信息的可信度,也使描述更具体和形象化。这样的描述直观而清晰,让人们充分感受到拉斯维加斯的繁华与娱乐特色。再如:

Natural beauty, soothing clear waters, gentle warm trade winds, fragrant flowers and sparkling waterfalls define the landscape in Hawaii and draw you into a realm of peace and relaxation. Could this be why Hawaii is often described as one of the healthiest places on earth?

在这段介绍夏威夷的简短文字中,作者用了8个形容词,其中一个形容词使用了最高级,语言显得生动活泼,成功地将夏威夷的美景清晰形象地展现在了读者的面前。

二、句法特点

在句法上,口语导游词多采用疑问句、祈使句、条件句来变换不同的语气,多为简单句,句子长度较短,这样形成的语言短小精悍、简洁明快、生动活泼、节奏感强,能够吸引游客的注意力,调整游客的兴奋度;而书面宣传材料会经常出现长句或复合句,通过变化句子结构来增强语感和句子的连贯性,保持读者对阅读内容的兴趣。而且长句的使用更有助于说明所述细节之间的关系,因此十分适合用来描述景物。但是,也应牢记,在一个段落中频繁地出现长句或复合句,容易导致疲惫和厌烦感,流失读者。例如:

In the 1930s, European architects who emigrated to the United States before World War II launched what became a dominant movement in architecture, the International Style.

在这个长复合句中,主语用一个后置定语从句 "who emigrated to the United States before World War II" 来修饰,谓语动词 launch 后接一个 what 引导的宾语从句,而 what became a dominant movement in architecture 又与 the International Style 形成了同位语的关系。整个句子前后连贯、意义紧凑、信息量大,一直读到句末才完全了解句子的意义,因此能够令读者兴趣不减,想一探究竟。再如:

If you stand on the top of the mountain, you can see the spectacular view of a rolling sea of clouds.

在商务英语旅游文本中,if 条件句用来表达建议的语气。这个句子表明如果读者接受了"站在山顶"的建议,则可以欣赏到壮丽的云海。又如:

Could this be why Hawaii is often described as one of the healthiest places on earth?

虽然是疑问句的形式,但传递出的却是肯定的答案,表明夏威夷被称为世界上最健康的地方,彰显了它作为旅游胜地的独一无二。

三、修辞手法的运用

英语旅游文本本着吸引读者和游客的目的,在编写时会融入多种修辞手法,如拟人、明喻暗喻和排比等,来增添语言的趣味性和美感,引人入胜。例如:

A wide range of land and sea recreational facilities awaits you.

As autumn brings its crisp, fresh days to Ohio, Mother Nature begins to paint the state's emerald landscapes with gorgeous hues of harvest gold, amber and sienna.

动词 await 和 paint 的施动者通常为人,而在这两个例句中,它们的主语分别是 "a wide range of land" 和 "nature",显然,这里运用了拟人的手法。拟人的手法可以使平白直叙的文字变得生动活泼,妙趣横生,从而吸引读者,拉近与读者的距离。再如:

In the Palace of Pagoda Forest, the Jade Bamboo Shoots stands like spears.

Suzhou is the Venice in the east.

例中,通过介词 like 运用了明喻的修辞手法,将 Jade Bamboo Shoots 比作 spears。第二个例子中比较的两个事物,Suzhou 是东方中国小桥流水人家似的水乡古城,而 Venice 是意大利古老美丽且闻名世界的水城,二者存在着许多共同特点,所以可以进行比较。句中采用动词"is",运用了暗喻的手法。明喻和暗喻都属于类比,即将具有共同特点的两个事物进行比较,这种手法能够将文字形象具体化,给读者留下深刻的印象。又如:

Natural beauty, soothing clear waters, gentle warm trade winds, fragrant flowers and sparkling waterfalls define the landscape in Hawaii and draw you into a realm of peace and relaxation.

这是一个运用了排比手法的例句。画线部分的短语都是形容词加名词的结构,其中 waters 和 trade winds 分别由两个形容词修饰,beauty,flowers 和 waterfalls 各带有一个形容词,这样的结构可以极大地增强语气,令行文流畅自然,让读者或听者产生美的感受。

第三节 英语旅游文体的翻译原则与技巧

一、英语旅游文体的翻译原则

(一)目的论原则

目的论,其基本思想是以目的法则为翻译的首要原则,连贯性法则从属于目的法则,忠实性法则从属于连贯性法则。目的决定翻译策略的思想赋予了译者极大的自由选择相应的翻译方法,以最大限度实现原文的预期功能或目的。商务英语文体种类多样,因其目标读者群不同,每种文体希望达到的目的或实现的功能也不一样,因此可以采用目的论来指导英语文体的翻译,从而选择不同的翻译方法。英语旅游文本是商务英语的一种类型,其翻译也应如此。英语旅游文本的目标读者为旅游爱好者、游客、打算或即将出游某地的人士。这些文字描述,旨在吸引目标读者的注意力,引起他们对某地或某景点的兴趣,使他们在心理体验上产生与文字描述相同的感受、快乐的情绪,从而使他们产生身临其境的感觉,或产生前往该景点的热切期盼。[①]

1. 省译

中文景点介绍往往会有感而发地引用古诗词加以强调渲染,使文章更富于文采,也能引起中国人极大的旅游兴趣。然而,对于了解中国传统文化较少的外国游客来说,这种引用并不一定能唤起共鸣。因此,在旅游资料英译中,译者要考虑到目标读者的教育水平和背景知识,甚至可以将这类古诗词省去不译。例如:

正中位置是一座典型的土家吊脚楼,一架梯子搭在屋边,屋角挂着成串的玉米和辣椒。楼的左边是小桥流水,楼的后边是良田美池,一农夫正在扶犁耕田。真是好一幅"小桥流水人家"的童话世界。

The middle of it is a typical Tujia suspended house, a ladder is against the wall of the house. Bunches of corns and hot peppers are hung on the corner of the house. There is a bridge with water running under it on the left, and fertile farmland and a pool are behind the house. A farmer is ploughing the land. What a beautiful landscape painting!

原文中最后一句引用了古诗加以赞叹,实际上就是对前面所述景色的总结与评述。译者只需将其欲表达的含义译出即可,并不需要将这句古诗翻译成英文,况且目标读者也未必看得懂。这一译文也符合英文旅游文本简洁明了、描述具体和语言平实的文体特点。

2. 编译

所谓编译,实际上就是对原文进行相应的调整甚至是改写,以更符合目标文本的特点和目的语的表达习惯。谈到英汉旅游文本的差异,即英文旅游文本简洁了当、结构简单却又条理清楚;中文旅游文本则体现为辞藻华丽和各式各样的修辞,甚至在具体翻译实践中可能过分臃肿、主次不分、条理不明。这时,就需要借助编译来使得译文符合英文旅游

[①] 刘曼华,赵坤.商务英语翻译[M].北京:中国商务出版社,2014:238.

文本的文体特点。[①]请看下例：

五大连池有14座火山锥，其中12座是一万年以前先后形成的休眠火山。据文献记载："墨尔根（今嫩江）东南，一日地中忽出火，石块飞腾，声振四野，越数月火熄"。"康熙五十九年（1720年）六七月间，忽然烟火冲天，其声如雷，昼夜不绝，声闻五六十里"。这场火山爆发前后可能延续了两年多时间。当时，从喷火口流出的岩浆把附近的小白河截成了5段，形成5个互相毗连的火山堰塞湖。

There are fourteen conic volcanoes at the Five Big Adjacent Lakes, twelve of which are dormant volcanoes formed 10,000 years ago. The first eruption occurred in 1720. It has been recorded in different historical documents. Subsequent eruptions probably lasted more than two years. Their lava cut the nearby Xiaobai River into five segments and hence formed five barrier lakes that were connected with each other.

五大连池是黑龙江省北部旅游胜地，以火山和冷泉著称。这段文字是说明五大连池火山锥和湖区的由来。其中引述的文献记载较为详细；然而，对外国游客来说，这并非必需的，因为火山爆发的情景世界各地大体相同，这也可以视为一种常识。鉴于此，译者将原文中对原文中的火山喷发的情景用两个简单的句子加以概述，采用了编译的方法。除此之外，目标读者为外国游客，他们对"康熙五十九年"并不熟悉，因此可以省译或选取某个参照年代。

总之，旅游文本的翻译，尤其是旅游宣传资料的英译，要强化目的意识、读者意识。译者不一定要受制于原文，可根据目标读者进行相应的调整；要充分认识到旅游宣传资料的首要功能是呼唤功能或诱导性功能，其次是信息性功能；在实践中，可以采取多种方法灵活处理，以保证信息的有效传递和诱导功能的实现。

（二）注重语言差异原则

各民族在历史的发展和演变过程中逐渐形成了自己的思维方式，不同的思维方式又造就了不同的语言特征，因此英语与汉语这两种完全不同的语言，在发音、句法、语法结构等方面都存在着许多显著的差异。对

---

① 冯莉.商务英语翻译[M].长春：吉林出版集团有限责任公司，2010：194.

这些差异了然于胸,才能创作出符合目的语国家读者阅读和表达习惯的译文,才是成功的译文。

在英语中,句子最基本的结构是"主语+谓语",几乎每个句子的构成都必不可少这两个成分。英语通过词形变化,使用介词、连词、代词等关联词将句子各成分组织衔接在一起,相互之间的关系清晰明确。因此,我们把这种通过形式来表达句子之间关系的语言称为形合。

而汉语多为意合句,即依赖词语和句子的意义或内在逻辑关系来组织语言,与英语相比,关联词使用较少,无主句和主语省略句较多。正是这种语言形式上的差异,决定了英语与汉语在词汇、句法、结构等方面都十分不同。

1. 词汇特点对比

在词汇方面,英语词性和词序一般较为固定,用词简练,很少重复,大量使用介词、连词。相反,汉语词性灵活,词序可以变换,大量使用四字结构或成语,形成工整的结构以加强语气,并且讲究语感之美,但关联词使用较少。例如:

Mexico City is renowned for its frescoes; you can find splendid frescoes almost everywhere. These frescoes are highly character and unique, depicting heroic actions as well as common people's daily lives. These colorful and breathtaking frescoes are popular with local residents as well as visitors.

墨西哥城以其壁画闻名于世,精美绝伦的壁画几乎随处可见。这些壁画极具特色、独一无二,不仅描绘英雄事迹,还描绘普通百姓的日常生活。这些色彩鲜艳、令人叹为观止的壁画,一直深受当地居民及游客的欢迎。

赏析:

在这个段落中,译者采用了许多四字结构来增强语言的感染力,如"闻名于世""精美绝伦""随处可见""独一无二""色彩鲜艳""叹为观止"等。原文中 highly character 和 unique 这两个形容词用在"be"动词后作表语,colorful 和 breathtaking 这两个形容词作前置定语修饰名词"frescoes",在句中的位置都较固定,而相对应的译文"这些壁画极具特色、独一无二""这些色彩鲜艳、令人叹为观止的壁画",又可改写为"这些极具特色、独一无二的壁画""这些壁画色彩鲜艳、令人叹为观止",

从而可以看出汉语的词序灵活、变化多样,依赖词与词之间的内在联系组织语言。例如:

杨堤翠柳是漓江风光的著名一景,大家仔细品味,江到杨堤,青峰锁江,碧水萦绕,晴岚紫气,翠竹垂岸,农舍半现,炊烟袅袅,云飞雾绕,如虚如幻,犹如一幅格调高雅的中国画。

赏析:

此例突显了汉语用词的特征。在这个描绘漓江水墨风光的中文段落中,四字格的大量使用,形成极强的韵律感,格式相当地工整,在增强语感和气势的同时,也将漓江美景尽显眼前,带给读者赏心悦目的感受。

2. 句法特点对比

在句法方面,英语结构严谨,句子成分要求完备,最基本的结构为主谓或主谓宾,以动词为中心,主语一般不可省略,而且各成分在句中所处位置较固定。在英语中,只有一个句点的句子在没有任何连词或从句出现的情况下,只允许出现一个主动词或几个并列主动词,但可以用不定式短语、分词短语、动名词短语、同位语以及从句来充当众多修饰成分,或用连词将几个句子连接起来。

因此,英语中会出现长达几行的长句,但结构层次仍然分明,就如一棵树干长出的许多分枝。英语的句式虽多种多样,但每种句式的形式和词序都较为固定。汉语则不同,一个句号的句子可以由若干个平行结构的句子组成,出现若干动词,句与句之间使用逗号隔开,连接词使用较少,依靠语义前后贯通在汉语中还大量使用无主语句。

总之,汉语强调意合,句式虽变化不多,较为单调,但各成分在句中位置较为灵活。

例:(Eiffel Tower) Its modern, lattice design was felt to contrast greatly with the more traditional stone architecture of the city and it was argued that the tower would take away the beauty of Paris. Protests were so widespread that it was almost demolished at the end of its 20-year lease, but was saved because of its massive antenna which at that time was used for telegraph communication. It was then used for radio and television purposes, and within time was accepted and even loved by Parisians as a symbol of the city.[①]

赏析：

这个段落包含了三个长句。第一个句子由并列连词 and 连接的两个分句组成，且第二个分句的动词 was argued 后面有一个由 that 引出的宾语从句。第二个句子采用了"so...that（如此……以至……）"的结构，that 后是由转折连词 but 连接的两个主谓结构的分句，在 but 分句中，用介词结构 because of 解释动词 was saved 的原因，又用 which 引导的定语从句解释了 antenna 的用途。第三个句子同样由 and 连接起两个独立分句，并用逗号将前后分句隔开。

例：Thundering just 90 miles（143 km）away from Lake Ontario, and carrying 34.5 million gallons（157 million liters）of water a minute in an awesome display of enormous raw power, Niagara Falls is known as one of the natural wonders of the world.

赏析：

该长句的主干为"Niagara Falls is known as..."句首以 and 连接两个现在分词 thundering 和 carrying 并列作原因状语，介绍了尼亚加拉大瀑布的一些具体信息。这样的长句，结构紧凑，意义清晰。

例：

（a）黄山一年四季都能看到云海奇观，（b）不过冬春两季观赏云海最理想，特别是在雨雪初晴的日出日落时分，云海最为壮观。（c）只见轻云薄雾像缕缕炊烟从峰壑之间飘起，（d）一忽儿铺卷开来，眼前汪洋一片，远方海天相接，几座露出海面的山峰恰似汪洋中的孤岛；（e）但是眨眼儿又波起涛涌，眼前一片混沌，什么也看不见了，叫人惊心动魄；（f）然而片刻之后，又微波伏岸，云敛雾收，红霞满天，山色更青翠了。

赏析：

从这个例文中，我们可以清晰地看出汉语的意合特征，无主句使用频繁，如（a）句中动词"能看到"的逻辑主语应该为"人们"，（b）（e）两句的主语同样省略了。（d）（e）（f）三句以动作发展的先后顺序来组织语句，"几座露出海面的山峰恰似汪洋中的孤岛""叫人惊心动魄"和"山色更青翠了"这三个句子前虽然没有使用任何关联词，我们仍然能

---

① 王颖，褚凌云，王爱玲.商务英语翻译导论[M].北京：外语教学与研究出版社，2017：206.

够明确地判断出它们分别与(d)(e)(f)句描写的内容形成了因果关系。这段文字中各个句子意义紧凑,将黄山云海变化莫测的壮丽景观自然地呈现在读者的眼前。

二、英语旅游文体的翻译技巧

(一)旅游导游词翻译

1. 增词

所谓增词,是为了让读者理解导游词中的某些词或者词组,这时候就需要增加一些相关的知识,并不是字面意思进行传达。在旅游资料中,增词法主要是对一些人名、地名、典故等展开说明。这是因为旅游导游词中涉及这些内容的时候,要是对该国文化有所熟悉的话就很容易理解,但是其他国家的人如果不了解那么就会产生困惑,如果不进行说明,那么译文读者就会感到莫名其妙。

例如,为了让外国游客对中国的风土人情、人文历史有所了解,在翻译时可以在原文基础上增加一些说明的信息。如在介绍"吊脚楼"这一极其富有民族风景的词汇的时候,如果仅仅翻译为 Diaojiaolou 是很难让外国游客理解的,这时候就需要增加一些补充解释,如 Diaojiaolou (suspended wooden houses built on stilts),这样才能让外国游客了解。

2. 加注

所谓加注,就是对原文中难懂的词句进行解释的方式,或者将具体的时间指明,并用括号将这部分内容括起来。这种加注的形式是为了让读者了解其意义,使译文更富有趣味性。例如:

……苏东坡手书"云外流春"四个大字。

...Yun Wai Liu Chun (Beyond clouds flows spring) written by Su Dongpo (1037—1101), the most versatile poet of the Northern Song Dynasty (960—1127).

译文使用加注的形式对"云外流春"以及苏东坡进行了解释和说明,增加了年代、朝代等内容,这样就让外国读者容易理解了。

5. 解释

所谓解释,就是用别的词汇或者句子,尤其是让对方容易理解的词汇或者句子来翻译。例如:

……把西湖比作西子。

…compared the West Lake to Xizi, one of the most beautiful women in ancient China.

在中国人眼中,"西子"就是"西施"的意思,但是外国人不了解这个人,很难将西湖的美景与西施这四大美女之一的美相关联。因此,上述译文就用解释的形式来进行翻译。

(二)旅游公示语翻译

(1)单词、短语公示语的翻译

WC 卫生间/厕所

F&B 餐饮服务

IDD 国际直拨电话

Information 问询服务

Underground 地铁

Shopping Center 旅游购物中心

Ticket & Travel Centre 票务与旅游中心

Conference Center 会议中心

Food and Beverage 餐饮部

Alcohol Free Zone 禁酒区

Locker Room 更衣室

Washing Bay 洗车场

Public Toilet 公共厕所

Handicapped Only 残疾人通道

Danger 危险

No Smoking/Photographing/Parking! 禁止吸烟/拍照/停车!

Sold Out 售完

Beverage Not Included 酒水另付/另付酒水

Admission Free 免票入场

Open Daily 每天开放

Lost and Found 失物招领

Out of Order 因故停用

Maintenance in Progress 正在维修

Caution：Slippery Path! 小心路滑！

Restricted Height 3.3m 限高 3.3 米

Slow Down 减速慢行

Keep off the Water 水深，请勿靠近！

（2）句子公示语的翻译

原文：

Please mind the step!

Please don't pick the flowers!

Please Keep Off the Grass!

Out of Use. Please Use the Other Doors.

Don't Walk !

Don't touch the exhibits!

Do not stay close to the exhibits!

Do not trespass on the railway! Penalty ￡200!

This site is under 24 hours surveillance.

You Can Be Prosecuted For Drinking Alcohol In Public In This Area Maximum Penalty £500.

McDonald's is open 24 hours a day（seven days）.

译文：

请小心台阶！

请勿攀摘花木！

请勿践踏草坪！

此门关闭，请走旁门。

禁止通行！

请勿用手触摸展品！

游客请勿靠近展品！

严禁穿越路轨，违者罚款 200 英镑！

本工地 24 小时在闭路电视监控范围内。

在本区域公开场合饮酒罚款最高至 500 英镑。

麦当劳每周 7 日全天开放。

[内容小结]

与法律英语、科技英语、商务英语类似,旅游英语本身属于专门用途英语的一部分,因此无论在用词、选句还是语篇组织上,旅游英语文本都有自身的语言特点,并且这些层面也更能体现旅游英语翻译的复杂性、综合性与跨学科的特征。因此,本章首先从旅游及其英语旅游文体的基础知识入手,进而探讨英语旅游文体的词汇、句法、修辞等语言特点,接着分析英语旅游文体的翻译原则,包括目的论原则与注重语言差异原则,最后论述英语旅游文体中的导游词翻译与公示语翻译,在论述中,本章添加了大量实例,具有很高的实用性与指导性。

[翻译练习]

Ah, beautiful Paris. For centuries this city has attracted the admiration of the world. The allure and charm of Paris captivate all who visit there. Where can you discover the charm of Paris for yourself? Is it in the legacy of all the French rulers who worked to beautify their beloved city? Is it in the famous castles, palaces, statues and monuments, such as the Eiffel Tower? Can you find it in the world-class museums, such as the Louvre? Perhaps Paris' allure lies in the zest and style of the Parisians. When you visit Paris, you don't have to spend all of your time visiting museums and monuments. They are certainly worthy of your time, but ignore them for a day. First take some time to look around and experience life in Paris. You'll find it charming.

[参考译文]

啊,美丽的巴黎!几个世纪来,这座城市令全世界赞美不已。巴黎的诱惑与魅力吸引了所有来访者。你在何处可以发现巴黎的魅力呢?是在历任法国统治者对其所钟爱的城市进行美化的遗产中呢,还是在那些有名的城堡、皇宫、雕像和纪念碑,如埃菲尔铁塔之中呢?你能否在世界一流的博物馆,如卢浮宫中找到呢?或许巴黎的诱惑力在于巴黎人的热忱和风格。当你来到巴黎时,别把时间全都花在参观博物馆和纪念碑上。它们当然很值得你花时间,但今天先忘掉它们。首先你花点时间四处看看,体验一下巴黎的生活,你会发现它的迷人之处。

第五章　英语新闻文体翻译

[本章要点]

随着社会不断进步与发展,新闻已经在人们生活的各个方面得以渗透,并成为人们获取信息的重要手段,因此新闻文体的翻译十分重要。但是由于新闻文体有其自身的特殊性,在遣词造句上与普通英语有明显差异,这就为翻译加大了难度,因此需要译者掌握必要的翻译原则与技巧。本章就对新闻文体展开分析。

[学习目标]

(1)掌握新闻文体的基础知识。
(2)了解英语新闻文体的语言特征。
(3)在了解英语新闻文体基础内容的基础上掌握其翻译原则和方法,并进行翻译实践。

第一节　新闻文体概述

一、新闻的含义

新闻,是以宣传为手段反映当前生活的一种社会意识形态。新闻是报纸、广播、电视经常大量运用的一种文体。新闻,是消息、通信、新闻特写速写等体裁的统称。[①]

新闻具有如下特点。

---

① 玉国.新编新闻写作技巧与范例[M].北京:蓝天出版社,2004:2.

（1）广泛性。新闻是一种社会活动，是人与人之间的情况、经验和思想交流的社会活动。没有人与人之间这种交流活动，就没有人的社会性，也就没有新闻。我们所说的新闻是面向全社会，对广大群众传播极为广泛的新闻，这是由新闻机构发布的新闻。正因为新闻具有这样的广泛性，所以新闻一经发布就会引起全社会广泛的关注，产生广泛的影响。

新闻的广泛性还表现为新闻题材内容的广泛，社会生活的各种领域、各个方面无所不包。从某种特定的意义而言，新闻是生活的"百科全书"，它广泛地影响人们的思想与生活。

（2）变动性。新闻以生活中发生的具有新闻意义的事实作为归依，而生活中的事实不断地有所变动，新闻所要反映的变动中的客观事实。

新闻的狭义就是消息，"消息"一词最早出自《易经》："日中则昃，月盈则食，天地盈虚，与时消息。"古人将世界的发展变化，将事物在发展变化中的情况（死亡、荣枯、聚散、浮沉、兴衰、升降、动静、得失、安危等）称为"消息"。值得报道的多为较重要乃至巨大的变化，这就可以为消息。[1]

长江静静地流着，这不是消息。长江暴发洪水，为害两岸的人民，这是重大的消息。喜马拉雅山几百万年来在那里稳坐着，这不是消息。但近年科学家发现喜马拉雅山每年都在缓缓地增高，证明这条山脉正呈生长的趋势，这是引人注目的大消息。普通人家将治好伤的乌龟放生于远水，固然表现珍爱生灵的品质，这事不足为消息，而放生于远水的乌龟竟然经年后不远万里游水、爬回帮其治伤的人家探视，则成了饶有趣味的新奇消息。

二、英语新闻文体的分类

世界上大多数英语媒体，报纸、电台、电视台、网站，其新闻的分类与其他语种新闻分类是一样的。通常，英语新闻的大致分类如下。[2]

国际新闻 World News 或 International 或 World

---

[1] 岳海翔.应用文书写作 要领与范文[M].北京：中国言实出版社，2008：330.
[2] 史晓平.英语新闻学基础[M].长春：吉林出版集团有限责任公司，2009：3.

第五章　英语新闻文体翻译

国内新闻 Domestic 或 Nation, National
政治新闻 Politics
经济新闻 Economy 或 Business
法治新闻 Law
娱乐新闻 Entertainment
体育新闻 Sports
健康新闻 Health
科技新闻 Science/ Technology
气象新闻 Weather
旅游新闻 Travel 或 Tour
教育新闻 Education
评论 Opinion 或 Comment 或 Analysis

在英文报纸上,这十几类新闻,每一类内容都能在报眉位置,也就是一个版的最上方,明显标出大号字版标,如 Law, Sports 等。

在英语电台广播、电视广播节目中,这十几类新闻是按照时间段来分配的,每一类新闻播出,播音员或主持人都会先告知听众、观众,这是本台的国际新闻或某一类新闻。互联网英语新闻网站则基本上靠文字来标识各类新闻,其方法与报纸近似,在首页用一个相当于报纸导读的字框标明各类新闻,让读者用鼠标点开该类新闻页面。英语新闻与其他语种新闻一样,大致有说事的消息,说理的评论,表形的图像。自然,说事的消息和说理的评论,在报纸是文字,在电台是声音,在电视台是声音加图像。表形的图像,在报纸是新闻照片和漫画、卡通及图表,在电视台是摄像画面。在网站则文字、声音、图像都可应用。

下面通过一些具体的实例来了解一下新闻文体的结构。

案例一:

For the Families of the Dying, Coaching as the Hours Wane

Greg Torso's death announced itself with a long exhale and then silence, as the breath literally left his body. His mother had been told to expect this, so she was not scared.

Ms. Torso had worried that an undertaker would barge in moments after her 42-year old son died, before she had had time to say goodbye. She had been assured she could spend as much time with the body as she wanted.

Could she bathe and dress him? Save a lock of his hair? Commemorate his passing with wine and reminiscence at the bedside? All of that was fine, she had been told, setting the stage for a death that she later said had left her "on the edge of euphoria".

Ms. Torso was coached and consoled through the final days and hours of her son's life, a rarity even under the umbrella of hospice, which for three decades has promised Americans a good death, pain-free, peaceful and shared with loved ones at home.

But there is a growing realization that hospice has its limitations. Doctors, nurses, social workers, clerics and volunteers are rarely there for the final hours, known as active dying, when a family may need their comforts the most.

(*New York Times*, May 20, 2006)

解析：

（1）"his body, His mother, She, him"等词必须通过前照应（reference）才能理解，his body 指的是 Greg Torso 的身体，him 指的是 Greg Torso, His mother 是 Greg Torso 的母亲，也就是下文中的 Ms.Torso。

（2）为了避免简单重复，往往可以采用不同的词汇来表达同一个人或事，如文中使用了 her son, her 42-year-old son 来指称 Greg Torso，进而达到词汇衔接（lexical cohesion）。

（3）文中使用了多种表示逻辑概念的连接词进行连接（conjunction）。

表递进关系的有：and

表转折关系的有：but

表因果关系的有：so

表时间关系的有：then, as, after, before, later, when

表比较关系的有：as much time...as she wanted

案例二：

Siamese Twins in "clear all roads" Drama Siamese twins, joined at the chest and born prematurely to a young wife on holiday, were raced 130 miles from Lincoln to London last night.

The twins—girls, with a combined weight of 8 1b—were taken to Great Ormond Street Children's Hospital. They were said to be in "fair" condition. Police in five counties had joined in an emergency link-up to speed the ambulance. The order went out: All road junctions must be kept clear. Inside the ambulance the twins were tucked up in an incubator. A doctor and two nurses watched over them.

Outside, police cars and motor-cycle outriders buzzed around in relays until, after three hours 25 minutes, the ambulance reached Great Ormond Street. A CHANCE.

A doctor at the Lincoln maternity home where they were born yesterday said: "Apart from being a bit premature, they are reasonably satisfactory." They were transferred, he said, because specialized treatment offered them the best chance of survival.

He added, "I think it will be very difficult to separate them."

The mother, who is in her 20's, was an emergency admission at the hospital. Last night she was "pretty well".

She and her husband—they have no other children—were on holiday and are believed to be from Essex. The hospital said the parents did not want their names disclosed.

The doctor said: "We had no idea the babies were joined until they were delivered."

And that, for ambulance—men Ernest Skelton, aged 40, and Eric Toyne, 25, meant a hectic dash to London.

At 5:25 P.M. a call came through to their station.

The ambulance loaded an incubator—always kept heated at the ambulance station—and was soon heading south.

Drivers Skelton and Toyne, both married with two children, took turns at the wheel, HIGH SPEED.

They reached the A1 at Newark, 14 miles from Lincoln and raced down the dual—carriage way, caring up the 120 miles to Hatfield.

At 8.20 they stopped for petrol at Hatfield.

At 8:35—15 minutes and 15 miles later—Hertfor—shire police handed them over to the Metropolitan Police for the final lap. Most of that was covered at speeds reaching 80 miles an hour.

James Wilkinson, Express medical reporter, writes: Siamese

twins occur in only one in 50,000 births. But as the majority are stillborn, the chances of live Siamese twins being born are much rarer.

Doctors will perform many tests and study X-rays before deciding exactly how they should be separated.

The last separation operation in Britain was in June 19, 1964 at St. Bartholomew's Hospital, London, on the year-old Siamese twin daughters of Mr. and Mrs. James Fenwick, of Nottingham, who were joined at the head.

One of the girls died half an hour after the operation. The other survived.

解析：

这篇新闻稿件的突出特点是使用了许多具有口语色彩的词语，如clear all roads, raced, a hectic dash, buzzed around in relays, eating up the 120 miles to Hatfield 等，使得语言明白如话，通俗易懂。新闻的读者群体庞大，分布在各个年龄段、性别及阶层，因此新闻写作要讲究通俗易懂，深入浅出。英国报业之父笛福曾经在谈到自己的写作原则时说，要假设自己是在对500个不同职业的人讲话，并使每一个人都能听懂。西方新闻界对新闻语言的通俗化十分重视。新闻要用浅显的文字、生动的比喻或者公众熟悉的语言来表达信息内容。这篇稿件就是一个很好的范例。

案例三：

Bill Clinton won't begin his last campaign until after he's left Washington, probably in 2001. Former presidents have no official role, and the confident ones (Truman, Eisenhower, Reagan) retire with a solitary dignity befitting a member of what Herbert Hoover once called an "exclusive trade union". But presidents who end their terms under a dark cloud often become obsessed with how history views them. That's why those who think Clinton, who appears likely to survive the trial, will retreat forever from public life in 2001 just to play golf should think again. Though the Senate may acquit him, Clinton will never stop trying to convince posterity that he was unfairly impeached and that he should be remembered for peace and prosperity, not scandal. Whether he is writing his memoirs or raising money, he will be guided by one primary objective: historical exoneration.

解析：

这则新闻的内容显示了新闻语体的准确性。新闻是现实生活的真实再现，因此，准确朴实是新闻语言最基本的要求。所以，通过媒介向人们报道和传播具有新闻价值的信息时无论是写景还是写物，无论是叙事还是谈人，都应该实实在在地将其本来的面目反映出来。

第二节　英语新闻文体的语言特征

一、英语新闻文体的词汇特点

（一）用词简洁

新闻报道不同于文学作品。文学作品的表情功能非常重要，而新闻语最重要的功能是信息功能。所以，新闻语篇用词简明扼要。准确清晰，尽量避免使用陈腔滥调和过多使用形容词、副词等。

在新闻英语中，为了节省时间和版面，记者和编辑喜欢使用音节较短的"小词"如用 cut 表示 reduction、用 bar 表示 prevent、用 nuke 表示 nuclear、用 curb 表示 restrain 或 control，等等。这类小词被专业人士称为"万能同义词"（synonyms of all work）。其他常见的例子还有：ban（prohibition），bid（attempt），clash（disagreement），deal（business agreement），freeze（stabilization），loom（appear），plea（supplication，petition，application，appeal），probe（investigation，examination），rap（to speak severely to, to blame, to punish），move（plan，decision，suggestion），shock（astonishment，blow），shun（to keep away from...），voice（express），pact（agreement，contract），woo（to seek to win..., to persuade...），fake（counterfeit）等。

（二）喜造新词

汉语新闻语篇中新词层出不穷，如："粉丝""给力""来电""剩女""宅男"等；或者赋予旧词以新的含义，如"高考状元""灌水""网络民意"等。英语新闻记者常会使用一些新词（包括旧词赋新义）和临时生造的词(nonce words),以使文章生动活泼,并给人以新奇之感。例如,shopaholic(购物狂),supercrat(高级官员),dialin(电话示威)、moneywise(在金钱方面),thumbsuck(安抚),communicationgap(不同年龄、阶层和政团间的交流隔阂),Reaganomics(里根经济学)Jazznik(爵士乐迷),Euromart(欧洲共同市场),blacketeer(黑市商人),taikonaut(中国太空人)等。在这一点上,新闻英语与广告英语十分相似。

此外,为了追求新奇感,避免老套和重复新闻语篇喜欢借用物人的名称或使用外来词。汉语新闻语篇中会有"亚洲四小龙"(新加坡、韩国、我国香港、我国台湾)"人权师爷"(美国)等。英语新闻中,喜用首都名称来指代国家,如Paris可用来指"法国";Tokyo可用来指"日本"。

(三)常用缩略语

这些缩略语的构成方式多种多样,最常见的主要有以下几种。

1. 截短法

截短法主要以掐头去尾为主。如celebrity(名流)被截短为celeb;helicopter被截短为copter;demonstration被截短为demo等。个别词首尾均被截除,如influenza被截短为flu;refrigerator被截短为fridge,等等。

2. 拼缀法

拼缀法是将几个词或词素通过缩略合成的方式构成一个新词,如breakfast lunch缩略为brunch,helicopter airport缩略为heliport,magnetic levitation train被缩略为maglevtrain,situational comedy被缩略为sitcom等。

在如今的信息化时代,人们的讯息很多是通过网络新闻媒体获得的。网络语言更为生动鲜活,缩短了人与人之间的距离,其中很多新词及其对应译法都是通过拼缀法"恶搞"得来的。如汉语中的"扮嫩族"(或"装嫩一族")来自英语拼缀词kidult。很多汉语新词的英文译法也是通过类似的方法得来,如"给力"(geilivable),"蚁族"(antizen),"笑而不语"(smilence),"淡定"(emotionormal),"中国足球"(Chinese foulsball),"捞尸费"(corpspend),"躲猫猫"(suihide),"动车"(don'train),等等。

3. 首字母缩写法

用首字母缩写构成新词是新闻语篇中常见的构词手法。如"金砖四国"即"BRIC"(Brazil, Russia, India, China)或"金砖五国"(BRICS),即前述四国加上南非(South Africa),"丁克一族",即"DINK"(double income, no kids), IMF(International Monetary Fund), WTO(World Trade Organization)等等。汉语新闻中,往往有很多首字缩略,如"北大"即为"北京大学"(Peking University)、"十一届三中全会"的全称是"中国共产党第十一届中央委员会第三次全体会议"(The Third Plenary Session of the Eleventh Central Committee of the Communist Party of China)等。

4. 字母数字组合法

英语新闻有很多"字母+数字"的缩写词,如"G8"(八国集团)"3W"(World Wide Web)等等。汉语新闻中也有大量"数字+字词"的缩略形式,如"90后""三个代表""一国两制""富二代"等。

(四)掺用外来词语

新闻英语词汇的显著特色之一就是经常掺用外来语,而且正呈日益增多的趋势,尤其是新闻标题或新闻报道正文中当记者提及外国的或新近出现的事物时,需借用外来语,以引起读者的兴趣与注意,或更贴切地表达某词语的内涵。若平时读报时多留心一下,就不难发现更多的外来语,甚至还能发现某些来自汉语的词语:

(1) The price of maotai, a spirit that tastes like aviation fuel, will rise six times above last week's state controlled 20 yuan ($5.40) a bottle. (The Economis)

(2) Mo-er, a black tree fiungus used in the preparation of a hot bean curd recipe called Ma-Po Dou-fu was found by Dale E. Hammer Schmidt of the University of Minesota Medical School to interfere with normal clotting in a person's blood. (UP)

以上两例中的 maotai, mo-er 和 Ma-Po Dou-fu 源于中文,分别表示"茅台(酒)""木耳"和"麻婆豆腐"。可见,英语报刊在报道某些新闻内容时,会不可避免地借用某些非英语国家具有典型或浓厚文化色彩的词汇,旨在使新闻报道显得更为真实贴切。同时,英语报刊新闻报道中偶尔借用一些带有异域文化色彩的外来语也有助于吸引英语母语读者的兴趣和注意力,还能让外来语本国读者有一种文化上的亲切感和认同感。

(五)形象词语栩栩如生

形象化词汇是整个英语词海中一个不可分割的组成部分,是在英语漫长的发展过程中逐渐形成的,具有鲜明、生动、具体的特点。读者只要稍加思考,就能理解其包含的形象,产生联想。鉴于此,在英语新闻报道中,记者也常常借助形象化词汇来增加对事物描述的形象性及其吸引力,以在读者面前展现出一幅幅生动画面,使之若身临其境,产生共鸣。例如,凡是"冲突""辩论""争端""行动"等都可能被形象地说成是"war": a war of words (舌战), a war on corruption (反腐败运动), media war (媒体大战), price war (价格战), spy war (间谍战), trade war (贸易战), turf war (争夺势力战)等。

英语报刊中的形象词语大多短小活泼,相当一部分是记者为了使新闻语言浅显易懂而采用的比喻性词语(metaphorical words)。例如:

abortion=failure
balloon=swell out or expand rapidly
bridge=fill an awkward or empty space
buoy=keep sth. afloat/encourage sb.
courting=seeking friendly relations
cream-puff policy=weak policy
divorce=breakup of relationship
hawk=hardliner
honeymoon=initial cooperation
lifeline=important route
low gear=low efficiency
marriage=close association
muscle flexing=show of force
sexy=attractive
sky rocket=increase sharply and suddenly
snowball=become larger and larger

二、英语新闻文体的句法特点

（一）经常使用句式结构简单但修饰语较多的句子

汉语新闻句子多用流水小句，一个句子可能就是一段比较完整的信息；英语新闻中，为了把众多的信息整合到一个句子里，在较小的篇幅内容纳较多的信息量，又要确保句式不过于复杂。记者多采用简单句，使用定语、状语、同位语、介词短语、分词短语等修饰成分来扩展这个简单句。因此，英语报刊里也经常出现一个句子就是一个段落的情况。

（二）较多使用现在时态

所报道的新闻事实虽多是已经发生了事情，但是新闻语篇较多地使用现在时，这可以达到多种文体效果，如增强其真实感和现实感，突出新闻信息的即时性和新颖性。基于这些考虑，新闻标题所使用的时态几乎都是现在时，如"广交会落幕交易量火爆"（Guangzhou Fair closes, trade booms）、"老寿星谢世享年110岁"（Longevity star dies at 110）、"奥巴马公布长期减债计划（Obama announces long-term debt cutting plan），等等。

（三）新闻标题中经常使用省略句

在英语新闻标题中，非实义词如（冠词、介词等）常常被省略，这既可节省版面，又符合新闻英语的简洁明快的文体风格。相比较而言，汉语新闻标题所包含信息往往要更多，如新加坡《联合早报》有则新闻汉语标题为"学员未毕业就被餐馆下聘书 餐饮业厨师人手高度短缺"，其对应的英文标题则简化为 Dire shortage of workers for F&B outlets in Singapore（新加坡餐饮业急缺人手）。因为目标读者不一样，英译文添加了"新加坡"一词，但是省略了"学员未毕业就被餐馆下聘书"一句，而且采用了首字母缩写"F&B"（food and beverage）来节省版面。此外，汉语标题还喜用对偶句式，中间不加标点，仅留一个空格如"煤气泄漏气死三人"，其英文标题则使用英语新闻中常见的省略句来翻译即可：Three dead after inhaling oven gas.

三、英语新闻文体的语篇特点

新闻文体有其特定的语篇特征。首先,在宏观篇章结构上,汉英新闻语篇有其惯常使用的布局,即标题(headline)、导语(lead)、正文(body)、结语(conclusion)。新闻标题通常十分简洁,几个关键词即可点明其报道内容的要旨。导语一般为新闻的第一句话,它通常提纲挈领地点明该条新闻的主要内容(即 who, what, when where, why or how)。正文部分对整个事件做进一步的详细说明。结论则是对整个新闻事件做一个简短总结,若限于篇幅很多新闻语篇会省略这一部分内容。

其次,新闻语篇正文的基本结构多样,但最主要的是以下几种。

(1)"倒金字塔"体。顾名思义,"倒金字塔"体(inverted pyramid form)的结构像一个倒置的金字塔,以新闻导语开篇,然后其他新闻事实按照其重要性依次排列,越重要的信息排列次序越靠前。据称,西方报纸新闻语篇中,约有80%是用这种体例写成的。对于像财经新闻这样的具有特定读者群的新闻来说,用这种体例写作的,几乎占百分之百。下面这则报道就是一个典型的"倒金字塔"体。

(2)"金字塔"体或"编年体"。除了"倒金字塔"体之外,按照时间发展先后顺序层层推进的"金字塔"体(pyramid form)或称"编年体"(chronological style)的语篇格式在汉英语新闻中也时有出现。

(3)《华尔街日报》体。《华尔街日报》体(Wall Street Journal Style)是一种使用文学手法来撰写新闻事件的体例。其基本结构是:首先从某一重大新闻中的某一个小故事或小人物开篇,然后由小故事引入一个更大的背景和新闻事件中去。待整个新闻事件叙述完毕之后,笔锋又折回到开篇的那个小故事或小人物之上。这种语篇格式从小处落笔、向大处扩展,不仅感性生动,而且符合人们由具体到抽象的认识过程,所以广受读者青睐。

当然,除了这三种常见体例之外,其他体例也时常见诸各类媒体,如对话体、章回体等。但总体来说"倒金字塔"体是最为常见也最为重要的一种体例,所以,从事新闻翻译的译员要熟练掌握其语篇特征和翻译(编译)技巧。

第三节　英语新闻文体的翻译原则与技巧

一、英语新闻文体的翻译原则

（一）正确的舆论导向

随着我国综合国力的不断提高，世界各国舆论对我国的关注程度不断提高，对我国在政治、经济、军事、外交等领域的反映也日益增多，这些反映有正面的，也有负面的，甚至有些新闻报道是别有用心的，这就需要新闻翻译工作者坚持正确的政治方向。对有损于我国的新闻报道，可以采取适当的编译或节译的方法加以处理。

（二）客观公正性

20世纪60年代，美国国会的一份研究报告对美国传播媒体的报道方针作了如下阐述："新闻报道应该含有事实，但这些事实必须是有选择地拼组在一起的，以达到一种客观效果并传播到特定的受众中去……应该是劝服（persuade），而不仅仅是纯客观的报道。"（黄庆）由此可见，西方媒体处理各类新闻的标准并不是一致的，往往不是十分公正和客观的。西方有些媒体往往对一些发展中国家或最不发达国家采取一种敌视态度，常常就这些国家贫穷落后或者敏感的问题加以炒作。我国与世界上所有发展中国家一直保持着友好关系，在翻译相关新闻时，应参考这些国家的官方消息从正面进行翻译或编译。例如，2003年底，美国媒体大肆炒作巴基斯坦向别国提供了核技术，巴方对此一直予以否认。

（三）清晰准确性

新闻翻译一定要做到译文清晰准确，让读者准确理解原文作者所要表达的意思。如果译文晦涩难懂，就不能起到新闻传媒传播信息的作用。例如：

While a low dollar and a lid on wages have boosted global competitiveness, U. S. companies continue to improve their manufacturing and service delivery.

在美元疲软和工资限制促进全球竞争力的时候,美国公司继续改进其制造和服务的运送。

原文中的 service delivery 意思是"提供服务",而译文中的"服务的运送"不符合汉语的表达习惯,中文读者很难理解。另外,原文中的 while 意为"尽管、虽然",因此此句可改为:"尽管美元疲软和工资限制促进了它们的全球竞争力,但美国公司仍在继续改进其制造业和提供的服务。"

二、英语新闻文体的翻译技巧

(一)新闻导语的翻译

1. 单项新闻事实导语的翻译

单项新闻事实导语只涉及一个新闻事实或事件,有时不提供新闻背景,因为该新闻背景一般是众所周知、不再需要提及的。这种单项事实导语即使提供了背景,该背景也是对新闻事件的性质或事件发生的地点、时间、方式或人物的身份做补充,并不涉及其他新闻事件或事实。单项新闻事实型导语的翻译一般可先将新闻事件直接翻译出来,如有背景,可将其翻译为前置定语放在新闻句之前,或翻译成一独立句放在新闻句之后。例如:

Airlines across Asia are reminding passengers of strict limits on hand baggage in the run-up to Lunar New Year.

目前亚洲各航空公司都在提醒乘客,春节将近,登机随身行李会有严格规定。

Heilongjiang Governor Song Fatang met this morning with an exchange delegation from Ishikawa University in Japan.

今天(21日)上午,黑龙江省委书记宋法棠亲切会见了日本石川县大学交流代表团。

Five car manufacturers have gone into battle in an effort to win contracts to supply new taxis for the streets of Shanghai.

全国五大汽车厂家在上海出租汽车市场上竞比高低。

以上三个例句都只是提供了单项新闻事实,没有提供新闻背景,导语的句子结构也都为简单句,翻译时句子的结构调整不大,基本可根据原来的句式结构来翻译。

2. 多项新闻事实导语的翻译

多项新闻事实导语的结构比较复杂,因为该类型的导语不仅提供两个以上的新闻事实,同时还涉及其他事件的背景事实。所以,在"新闻"和"背景"之间会呈现出很复杂的逻辑关系。其语义逻辑结构可分为:因果型(cause and effect)、条件/目的型(conditional/purposive)、对比/发展型(contrast and development)。其语法结构也表现出多样化的现象,既有"扩展的简单句"(简单句+非谓语形式的扩展成分,如介词短语、分词短语、不定式短语、同位语短语),又有主从复合句。翻译这种类型的导语时,我们先要分清"新闻"和"背景",还要搞清楚"新闻"和"背景"、"背景"与"背景"之间的逻辑关系。例如:

The Sixth United Nations Conference on trade and development ended Sunday with developing nations dismayed that the high level meeting yielded virtually no new commitments for increased economic aid from

这条导语为读者提供了三条新闻事实:

(1) The Sixth United Nations Conference on trade and development ended Sunday.

(2) Developing nations dismayed.

(3) The high level meeting yielded virtually no new commitments for increased economic aid from industrial nations.

在这三项新闻事实中,(1)是"主要新闻",(2)和(3)是"背景新闻"。这三个新闻事实之间存在着一定的逻辑关系,(1)和(2)(3)之间存在着因果关系,(2)和(3)之间又是因果关系,(3)是(2)的原因。清楚了这种逻辑关系以后,这则导语便可以翻译为:第六届联合国贸易和发展会议于星期日闭幕。这次高层会议实际上未能促使发达国家做出增加经济援助的承诺,因而使发展中国家颇为沮丧。

(二)英语新闻特写的翻译

新闻特写是新闻报道的继续,它以事实为基础,但它又不是简单地报告事实,它有背景介绍、分析和解释,它比新闻报道更有深度和广度。

特写记者可以通过运用大量的细节和场景描写来奠定文章的基调,烘托人物情绪。所以,英语新闻特写的翻译有着一些自身的特点,除了要遵循忠实和通顺的标准以外,我们还可以采取以下一些翻译技巧。

1. 整合与改写

整合和改写是指在篇章的整体照应下,对原文语篇按照译文的段落展开方式进行相应的调整甚至改写,使译文更适合译语习惯和读者口味,做到内外有别,以利信息交流。一般而言,英语的段落展开多为演绎式,起首开宗明义,直点命题;汉语则多为归纳式,讲究起承转合,考虑时间事理顺序,这实际上与英汉各自不同的思维方式有关。因此,可在不损害原文基本意义的前提下,按照英汉两种语言之间的差异性,对译文进行改写、重写、调整、梳理、深加工或精加工,从而使译文符合译语表达习惯,取得预期的宣传效果。

2. 解释性翻译

英语特写中一些政治、经济、文化术语和专有名词以及牵涉一定文化背景知识的固定用语,英语国家的读者在阅读时可以运用其背景知识来帮助理解,但中国读者或听众往往缺乏这种背景知识,所以在译文中首次提到时应该对这种背景知识进行补充性的解释说明。解释性翻译就是把源语中读者所不知道的知识,尽量不在注释中说明而直接融入译文中,即所谓"化隐为显"。例如,1969 年 7 月 20 日美国"阿波罗 I 号"(Apollo I)太空船在月球表面着陆成功。这一壮举轰动了整个世界,许多国家的传媒竞相报道。美国《华盛顿邮报》发表一篇长达 8,000 字的新闻特写,详细生动地再现了登月活动的整个过程。该新闻特写的标题是"'The Eagle Has Landed': Two Men Walk on the Moon",标题中的"The Eagle"此处指阿波罗 I 号登月舱,又比喻美国人,因为"鹰"是美国的象征,在美国国徽上就有鹰的图案。如果该标题直译,中国读者恐怕难以理解,不妨采用解释性的翻译方法,将其翻译为"美国飞船着陆成功,人类登上月球"。

3. 删减缩合

删减缩合是为了突出重点,在有限的篇幅中让读者能一目了然,一眼就能了解新闻特写的主要内容。由于语言的差异,在一种语言中明了得体的表达,翻译成另一种语言可能就会累赘不堪,或新闻重点不够清晰突出。翻译时可做必要的删减,对原文进行缩略概括,特别是一些新闻特写的标题和第一段的导语。例如,一家英国报刊的一篇特写的题目是"Arrival of dolphins and seals gives Father Thames a Clean new image",直译后的标题为"海豚和海豹的到来使父亲河泰晤士河面貌清新",该译文冗长累赘,我们不妨将原文删减缩合,然后翻译为"泰晤士河旧貌换新颜"。这样的译文显然更得体自然,符合译文读者的阅读习惯。特写是新闻消息的继续,它和新闻消息的主要区别在于它的目的不是报道新闻事件,而是从新闻事态发展的某一个角度来表现新闻消息中的某一片断。特写往往更翔实和深入,因为特写都是经过记者深入挖掘素材,进行提炼后写成的。特写的翻译除要遵循忠实和通顺的原则外,还可根据具体情况采取灵活多样的翻译方法,如整合、改写、删减与缩合等。

(三)英语新闻评论的翻译

英语新闻评论的翻译除了要传达原文信息,还要特别注意政治性和语体的一致性。

1. 英语新闻评论翻译的政治性

新闻评论是针对社会新近发生的新闻事件和重大问题在新闻媒体上发表的具有一定倾向性的言论。新闻评论的一个重要特点是具有一定的政治倾向性。新闻媒体作为一种舆论宣传工具,必然为某种意识形态左右,为某种意识形态服务。英美国家的主流媒体所发表的评论文章大多为本国的统治阶级服务。意识形态的不同导致人们政治、历史、文化、价值、审美等观念的不同,不同的意识形态必然在新闻言论中反映出来。在翻译西方媒体中一些带有政治倾向性的关键词语时,我们一定要坚持正确的政治立场和态度。

2. 英语新闻评论翻译的语体一致性

新闻评论不同于以叙事为主的消息报道和特写写作,评论不仅要对新闻事件的内容做简要的叙述,还要对该事件做一评论。一般来说,英语新闻评论文字比较正式,语言简练,内容凝缩,文中语法结构烦琐的长句、难句要比消息和特写中的多。也就是说,评论文具有独特的语体风格,评论文的语体不同于口语体的风格。因此,译者应当仔细辨别原文的语体特色,在译文的遣词造句过程中寻找相对应的语体来表达,以获得相对应的效果。如果原文的用词华丽,译文就不应该采用一些口语体的用词。只有保持语体风格的一致性,译文才具有和原文等值的效果。例如:

Our thankfulness at the escape of our army and Bo many men, whose loved ones have passed through an agonizing week, must not blind us to the fact that what has happened in France and Belgium is a colossal military disaster.

译文1:我军侥幸逃脱,很多我们深爱的人幸运地挨过了艰难的一星期,我们在感谢老天的同时也别忘了在法国和比利时所发生的事是一场军事上的巨大的灾难。

译文2:感谢上帝,我军幸免于难,我们很多至亲之人幸运地挺过了艰难的一周,但这并不能使我们忽略这一事实:我军在法国和比利时的军事失利是一场巨大的灾难。

原文用语典雅,风格凝重,句法严谨,属于正式的典雅语体。而译文1与译文2相比而言,不太正式和典雅,译文2更接近原文的正式语体。

[内容小结]

本章对英语新闻文体翻译进行了系统分析,首先对新闻文体进行了简要概述,然后具体说明了英语新闻文体的语言特征,接着重点探讨了英语新闻文体的翻译原则与方法,最后通过具体实例说明了英语新闻文体翻译实践。可见,要想准确、有效地对英语新闻文体进行翻译,就要详细了解英语新闻文体的基本内容与语言特点,并在遵循一定翻译原则的基础上灵活运用各种方法,同时要进行大量的翻译实践。

[翻译练习]

Perchance to Dream

To be? To sleep? To Die? For Rick Owens and his furniture designs, these are the questions

Two otherworldly funerary images, both found in tales of eternal sleep interrupted, made indelible marks on wee Rick Owens' psyche. "Sleeping Beauty's glass coffin and Jesus's empty tomb with the lid askew are my earliest memories linked to furniture," says Owens. "I did go to Catholic school, but that's still pretty ripe for analysis."

Given his fixation, it seems fitting that the fashion visionary would go with a sleep-centric theme for the latest exhibition of his furniture, *Pavane for a Dead Princess*. For the inaugural stateside showing of these intensely personal designs, he transformed Manhattan's Salon 94 into a boudoir, complete with floor-to-ceiling sheared mink curtains and a low-slung bed with a massive, arcuated alabaster headboard.

The show—which runs May 8 to June 25 and is cocurated by Rudy Weissenberg and Jeanne Greenberg Rohatyn—borrows its title from an 1899 piano solo by Maurice Ravel. "My parents always had Debussy, Wagner and Ravel playing," says Owens, a native of the Central California town of Porterville. "I was haunted by the beauty of the music and the mystery of its title. I like the idea of having liked it for 40 years. It makes me think of time and timelessness in the same way an alabaster slab makes me think of time and timelessness."

Timeless is a word often used to describe Owens' ingenious clothing. After moving to L.A., he enrolled in what is now Otis College of Art and Design. The tuition was insanely expensive program in pattern making. Dering those early lean years, one of the first to be dressed by the future sartorial star was not a person but a thing. "I remember buying a couch from the Salvation Army for $25," Owens says. "it was parenthesis shaped and very long, with a graceful back that I covered in gray army-blanked fabric—very Art Deco Joseph Beuys."

In the cosmic blink of an eye, Owens became one of fashion's heralded figures. An eponymous line and a global cult following came in rapid succession. "There was virtually no transition from the Beuys bunker in L.A. to a five-story house in Paris," he says. "It kind of happened overnight." When it came time to furnish his capacious domicile, his taste proved prohibitively exquisite. "I couldn't bear to buy anything that wasn't [Émile-Jacques] Ruhlmann or Eileen Gray, but I couldn't afford to fill a house with it. So y merrily set about faking it."

Owens shares his home with Mechèle Lamy, the gregarious nightlife doyenne who, in the 1990s, put Hollywood's Les Deux on the map. "She's my personal beautiful witch," says Owens of his partner of 21 years. "The reason the furniture is moving forward is because of her cultivating it. She embraces artists and artisans in an almost mystical way. Where I can be impatiently and tediously pragmatic, she can coax things out of people with love. She has gut instincts I trust, so she edits the pieces."

Those pieces run the gamut from ascetic and anthropomorphic to grand and luxurious. "I'm not trying to do anything particularly witty or startling," contends Owens. "Same as my approach to clothes. I'm looking for rational, modest grace."

The lines for his furniture pieces usually come to Owens first, but he lets the materials dictate the direction. "I have a fairly limited roster—plywood, concrete, marble, leather, fur and antlers. Adding a material like alabaster is a departure."

The fact that people are responding so enthusiastically to his furniture shocks Owens, but only in the same way that the public embracing his clothing surprised him. "I never had jitters for either," he says. "I think since I just couldn't fathom either actually happening, I would have felt ridiculous acknowledging that it had. I figured both were flukes."

Le Corbusier, Luigi Moretti and Donald Judd rank among Owens' influences, but his reverence for committed design is boundless. "A neighbor, Dodie Rosenkrans, has an apartment that was the last project of Tony Duquette; every surface is covered with filigree, embroidery, gilt, mirror mosaic. It might be the complete opposite of what I do, yet it delights me to know it exists right next door."

Nowadays, Owens could surely fill his house with Ruhlmann and Gray, but he's not really one to splurge. "I've never actually bought anything significant," he notes. And yet he does have a dream acquisition. "I'm keeping my eyes open for a perfect Egyptian sarcophagus like the one in the Yves Saint Laurent auction."

Glass coffin, empty tomb, sarcophagus? Paging Dr. Freud.

第五章 英语新闻文体翻译

[参考译文]

偶然梦幻

是活？是睡？还是死？对里克·欧文斯及其家居设计来说，这些才是问题

人世之外有两个丧葬形象，都出自永眠的故事，两者都饱受惊扰。这两个形象在里克·欧文斯的心灵中留下了不可磨灭的印痕。欧文斯说："睡美人的玻璃棺和盖子歪斜的耶稣的空墓，这些是我最早的与家具关联的记忆。"他还说："我的确在天主教会学校读过书，可是那些记忆用来分析这个问题还是很合适的。"

鉴于他这种执迷的心态，这位时尚梦幻家最近举办的题为《悼念公主的帕凡舞曲》个人家具展与睡眠主题相伴似乎就颇为适宜了。这些极具个性化的设计是首次在美国本土亮相，为此他把曼哈顿的沙龙94改造成一个闺房。从地面到天花板，装有修剪过的水貂毛编织的围屏。低矮的床配有一个硕大的、弓形雪花石膏床头板。

展会展出时间从5月8日开始，至6月25日结束，由鲁迪·韦森伯格和珍妮·格林伯格·罗哈廷共同主办。展会题目借自莫里斯·拉威尔1899年创作的钢琴独奏曲。欧文斯的原籍是加州中部的波特维尔市。他说："我父母总播放德彪西、瓦格纳和拉威尔的作品。我简直让那首乐曲的美妙和标题的神秘给迷住了。"他还说："这首曲子我喜欢了40年，为此我由衷地感到快乐。雪花石膏板让我想到了时间和永恒，这首乐曲同样也让我想到了时间和永恒。"

"永恒"这个词常用来描写欧文斯设计精巧的服饰。迁到洛杉矶以后，他就读于现在的奥蒂斯艺术与设计学院。对他而言，学费简直就是天价，所以读完二年级就辍学了。不过他读完了二年制的中等职业学校的图案绘制课程。在早年拮据的岁月里，首次穿上这位未来服装设计明星作品的不是人，而是物。欧文说："我记得从救世军那儿花了25美元买来一个长沙发，造型像似括弧，尺寸很长，有个优美的靠背，我用灰色军用毛毯的布料把它罩住——这是十足的约瑟夫·波伊斯装饰艺术风格。"

茫茫宇宙眨眼之间，欧文斯一跃成为时装界的领军人物，以其名字命名的服装系列和全球性崇拜、效仿的浪潮接踵而来。他说："从洛杉矶波伊斯家的简易地堡屋，到巴黎的五层楼房简直没有过渡期。好像发

生在一夜之间。"等到给这座宽敞的住宅置办家具时候,他喜欢上了天价的精品。他说:"买任何家具若不是[埃米尔一雅克]鲁尔曼风格的,或艾琳·格雷风格的,我都不能忍受,可是整个房屋全都用这样的家具我当时可买不起。所以就满心欢喜地仿造起来。"

欧文斯和米歇尔·拉米生活在一个屋檐下。她是个爱好交际和夜生活的业内女前辈。在20世纪90年代,是她让好莱坞的莱德夜总会上了地图。谈到这位21年的伴侣时,欧文斯说:"她是我眼中的美丽魔女。目前家具的进步是因为有了她的培育。她用近乎神秘的方式接纳艺术家和手艺人。虽说我可能因讲求实际而缺乏耐性和显得乏味,而她却能够用爱心从人们那里好言劝来想要的东西。她有一种我所信赖的直觉,所以由她来剪裁作品。"

他的作品跨越领域宽广,从禁欲主义的、拟人化的作品到恢弘、豪华的作品。欧文斯声称:"我不想有什么特别机敏的或是惊人的举动。我用的方法和设计服装一样。我在寻找理性、质朴之美。"

欧文斯先构想家具作品的基本线条,不过他是让材料决定作品的方向。他表示:"我的材料清单相当有限——有胶合板、混凝土、大理石、皮革、皮毛和鹿角。增加雪花石膏之类的材料实属反常。"

人们对他的家具反响异常热烈,这让他感到惊诧,不过这就如同公众追捧他的服装时让他感到惊讶一样。他说:"对这两样东西,我事先从没有感到焦虑不安。我想,既然弄不清楚实际的结果会怎么样,要是承认知道的话反倒会觉得很荒唐。我想这两方面的成功都是侥幸。"

瑞士建筑大师兼家具设计师等多种艺术头衔的勒科比西埃、意大利建筑师路易吉·莫雷蒂和美国画家兼雕塑家等头衔的唐纳德·贾德是对欧文斯产生过影响的人,但是他对图案设计的倾心是无限的。他说:"有一位邻居名叫多迪·罗森克兰茨。他的一套公寓是托尼·杜克特的最后一个项目,每个表面都覆有金缕、刺绣、烫金、嵌镜。风格与我的正相反,然而知道就在隔壁有这样一个工程项目令我很开心。"

如今欧文斯肯定有能力用鲁尔曼和格雷风格的家具布置整个宅子,但他真的不是挥霍金钱的人。他表示:"我实际上从没买过什么了不起的物件。"然而他确实幻想着得到一件物品。"我正睁大眼睛寻找一件完美的埃及石棺,就像伊夫·圣罗兰藏品拍卖会上那样的。"

玻璃棺、空墓穴、石棺?这是在呼唤弗洛伊德博士。

第六章　英语影视文体翻译

[本章要点]

在经济全球化的大背景下,中国引进的国外影视作品越来越多。观众既可以在电影院欣赏到异彩纷呈的外国电影,也可以在电视上品味多姿多彩的外国电影和电视剧,而且借助互联网,人们几乎可以同步观看到国外的影视剧及综艺、教育等各种节目。影视剧是一种具有广泛影响力的文化商品,虽然投资方考虑的主要是收益,但作品本身负载了某种文化,尤其是在跨文化传播语境下,文化之间的交流和碰撞更加明显。由于语言的隔阂,大部分国内观众要借助中文字幕或配音才能欣赏国外的影视剧,中国的影视剧走向世界也更多地依靠翻译。作为一种通俗文学和媒体文字作品的综合形式,影视作品的影响面涉及社会的各个阶层,因此影视文体的语言特点和翻译技巧值得我们认真学习和探讨。

[学习目标]

（1）了解影视文体的内涵。
（2）掌握英语影视文体的语言特征。
（3）可以准确翻译一些基本的影视台词、片名等。

第一节　影视文体概述

电影作为一门艺术,在其诞生以来的一个多世纪里影响着人们生活的方方面面。经过几代电影人的共同努力,电影的发展非常迅速,大体上可以分为无声电影、有声电影、彩色电影、三维立体电影四个阶段。

1929年,好莱坞一家电影公司拍摄的第一部百分之百的有声电影《纽约之光》,标志着英文电影迈入了一个崭新的时期。

20世纪30年代到80年代末,英文电影进入了飞速发展阶段。特技的发展使得英文电影由黑白时代进入彩色时代;同时,美国和英国电影公司的纷纷成立又让英文电影步入了产业化、商业化阶段。在英文电影刚出现时,它通常在由几个人成立的小工作室中拍摄完成。那时没有部门分工,一个人可能身兼摄影、后期制作剪辑等工作。然而,随着电影特技的发展引起市场需求的增长,有明确部门划分的电影公司逐步产生。在美国,位于加州洛杉矶的好莱坞云集了大量电影公司,如米高梅电影公司,它拍摄了电影史上最出色的影片之一——《乱世佳人》,创造出历久不衰的银幕经典——《007》,塑造了不朽的卡通形象——《猫和老鼠》;派拉蒙影业公司,作为电影业的老牌巨头,它以群星环绕雪山的标志为人所熟知,以众多的明星和高质量的影片坐在好莱坞霸主的宝座上,制作出了《夺宝奇兵》和《阿甘正传》这样叫好又叫座的影片;华特迪士尼,它由迪士尼兄弟建于1923年,拍摄的电影以动画片为主,如《白雪公主》《爱丽丝梦游仙境》等。相比声势浩大的好莱坞各大影业公司,英国电影公司的发展显得有些薄弱,但也产生了一些出名的电影公司,如英国国际影片公司、伦敦电影制片厂等。它们制作了不少优秀作品,为世界影坛贡献了巨大的精神财富。[1]

随着美英两国电影公司的日益增多,电影产业的日益壮大,为了确保英文电影市场的繁荣有序,英国电影分级局和美国电影协会在20世纪60年代分别完善和出台了电影分级制度以及相关电影审查法律。电影公司得以在一定的制度监管下进行艺术创作,这为英文电影的长足发展打下了良好的基础。

电影流派主要分为表现主义、形式主义、印象主义、超现实主义、新写实主义、法国新浪潮、真实电影、第三电影、巴西新电影、德国新电影、直接电影、意象派电影和实验电影共13类。美国电影流派包括实验电影、美国青年电影运动和新好莱坞电影;英国电影流派主要包括布莱顿学派和记录电影学派。英国布莱顿学派起源于布莱顿地区,主张在露天场景中创造真实的生活片段,是现实主义的萌芽,持多视点时空观念,

---

[1] 杜志峰,李瑶,陈刚.基础影视翻译与研究[M].杭州:浙江大学出版社,2013:1.

代表作品有：乔治·阿尔培特·斯密士的《祖母的放大镜》《望远镜中所见的景象》和《玛丽珍妮的灾难》、詹姆士·威廉逊的《中国教会被袭记》、埃斯美·柯林斯的《汽车中的婚礼》、西赛尔·海普华斯的《义犬救主记》。英国纪录电影学派始于20世纪30年代，追求纪录电影的艺术性，关注社会生活，搬演现实，发现诗意，对蒙太奇构图和摄影技术感兴趣，代表作品有：约翰·格里尔逊的《工业的英国》《煤矿工人》《锡兰之歌》和《夜邮》等。

美国实验电影是从20世纪30年代开始以美国为中心发展起来的非商业电影。这种电影主要是用16厘米胶片拍摄的短片，没有传统的故事情节，主要表现风格是超现实主义和抽象主义。就其艺术实质而言，是有声电影时代的前卫电影。美国青年电影运动（20世纪60年代中期到20世纪70年代初期）着重反映与旧的生活观念相冲突的年轻一代和他们的生活方式，探讨社会和政治问题，具有强烈"反文化"色彩，其社会来源为"嬉皮文化"、摇滚乐和后现代诗歌，代表作品有：《邦妮和克莱德》《毕业生》《艾丽丝饭店》《扎布里斯基峡谷》《发条橙》和《纳什维尔》等。新好莱坞电影从20世纪60年代开始，经历了新浪潮运动和国内政治危机的冲击，它承认传统规律，承认明星制和工业化生产方式，给电影充实新的内容，常常表现出一种自由、浪漫却又躁动的暴力情绪和风格。

它经历了三个阶段：第一阶段（20世纪60年代初到20世纪60年代末），是改革的尝试阶段，代表作品有：佩恩的《邦妮和克莱德》、卡萨维斯特的《影子》等。第二阶段（20世纪60年代末到20世纪70年代中期），迎来了它的全盛时期，代表作品有：霍佩尔的《逍遥骑士》、斯科西斯的《出租汽车司机》、科波拉的《教父》和《对话》。第三阶段从20世纪70年代直到现在，代表作品有：乔治·卢卡斯的《星球大战》《夺宝奇兵》、斯皮尔伯格的《大白鲨》《外星人》和《太阳帝国》，弗里特金的《法国贩毒网》和《驱魔人》等。

随着中国对外开放的不断深入，英文电影源源不断地涌入中国。在经济全球化的背景下，掌握英语成为一项技能。英文电影在给我们带来精神愉悦的同时，也成为不少中国人学习英语、提高人文素养的重要资源。因此，影视文体翻译也成了一个热门的话题。

第二节　英语影视文体的语言特征

一、喜剧类及剧情类作品的语言特点

喜剧类作品以喜剧和搞笑类情节为主，主要包括喜剧、情景喜剧、搞笑短片、恶搞作品等。代表类作品：*Ace Ventura: Pet Detective*（《神探飞机头》），*Friends*（《老友记》，又译《六人行》），*The Simpsons*（《辛普森一家》），*Austin Powers*（《王牌大贱谍》）等。

剧情类作品有贯穿始终的情节设置，对白以日常生活对话为主，不涉及过多的专业或特定领域词汇。代表类作品：*You've Got Mail*（《电子情缘》），*Desperate Housewives*（《绝望的主妇》）等。

喜剧类及剧情类作品的语言基本特点如下。

（一）生活化

不论是喜剧类还是剧情类，对白的生活化都非常明显，绝大部分是日常对话，语言简短随意，但作品的主旨正是由这些看似简短随意的对白烘托而出的。对白有如情节的设置，有淡如水的寒暄，也有暖如阳的关怀，更有深如海的回味。有时，一句平常的对白却有于无声处听惊雷的妙处。比如，《教父》（*Godfather*）中，克里昂（Don Corleone）经常重复一句"We are family."（我们是一家人）这样一句再普通不过的对白，却因为这部黑手党影片的经典再现，成为日后所有反映意大利黑手党身份的通用语。听到这句带着意大利口音的话，脑海中都会浮现出克里昂坐在桌前声色不动的银幕形象。

翻译喜剧类及剧情类作品时，不能因对白的生活化就简化翻译的过程，而是要在平淡中捕捉与作品内涵相呼应的语言元素，并恰当地以中文形式传递给中文观众。喜剧类及剧情类作品的生活化语言是这类作品的"璞玉之美"，转化得好，是可琢之玉；转化得不好，便是无材补天的石头。

这两类源于生活而又高于生活的作品中，对白的语言是角色塑造最直接的一个方法，每个人的性格在他们的言谈举止之间透露出来。

在《老友记》中,从"I am a DOCTOR."一句可以看出 Ross 对自己博士学位的小小自满;在《永不妥协》(*Erin Brockwich*)中,从"...I got numbers coming out of my ears. Like, for instance, ten...That's one of my numbers. It's how many months old my little girl is...five. That's how old my other daughter is. Seven is my son's age. Two is how many times I've been married and divorced...And with all the numbers I gave you, I'm guessing zero is the number of times you're gonna call it."中体会到一位单身母亲的心酸(中译:"……号码我可以信手拈来。比如,10……这号码是我小女儿的月份数。5……是我另一个女儿的年龄。7是我儿子的年龄。2是我结婚离婚的次数……已经告诉你这么多号码了。我看0最适合你,因为我估计你给我打来电话的次数就是0。")。

影视作品英译汉过程中角色语言的重塑,既是语言转化的过程,也是语言创作的过程。译者对于如何翻译一个具有特定身份、性格、年龄、职业的角色讲出的话,要有准确的理解及清醒的表达定位。比如,一位老师说"I don't know",翻译成"我不知道";一位气急败坏的爸爸说"I don't know",翻译成"鬼才知道!"是不是更为传神呢?译出大意并不难,但是如何能再现影视作品中角色的个性和思想,则是翻译的最大挑战。

(二)双关语

在喜剧类作品中,双关语的使用非常频繁,很多喜剧元素都通过双关语来体现。双关语因其源语的特征,向来被认为不可译。硬要翻译,也因英语与汉语分属于两大语系,势必颇费脑筋,更不用说要翻得好、翻得妙了。

比如,《成长的烦恼》(*Growing Pains*)中,哥哥 Mike 要竞选学生会主席,弟弟 Ben 打出横幅以示支持,却错将"I like Mike."拼成了"I lick Mike."如果直译为"我舔麦克",根本没有传达出弟弟 Ben 想帮哥哥却越帮越忙的幽默效果,但如果用汉语的笔误来替换英语中的拼写错误,本应是"我爱麦克"写成"我受麦克",虽然没有达到与原文词意的对应,却可以达到同样的幽默效果。不过,这是要靠受众的语言判断能力的。

（三）地方化

这个"地方化"包含诸多内容，涉及方言发音、影片时代背景、当地的风土人情、地域特色等诸多地方化元素。比如，美国喜剧影片和剧情类片中常会提及当时的总统、当时的典故及当地著名的场景等。

翻译对白中的这类元素，在条件允许的前提下，应该补充一些必要的文化信息。如果是大众了解度较高的词语，如时下的美国总统、热门事件、著名景点的话，大可不必做信息补充（涉及语言、文化、背景等）。但如果该词语为"小众"词语，需要适当地加入一些说明。比如，在《老友记》中，Charlie 建议 Joey 到 MET（The Metropolitan Museum of Art）去游玩，而 Joey 不了解 Charlie 所说的 MET，一直以为他们在说 Mets（纽约 Mets 职业棒球队）。美国观众熟知二者的差异，但中国观众则不然，如果不加入或融入必要的细节说明，大部分中国观众肯定不知所云。

Charlie: And first, I have to see the MET!

Joey: OK, let me stop you right there. The Mets suck, OK? You wanna see the Yankees. Charlie: No, no, no, not the Mets, the MET, singular!

Joey: Which one, they all suck!

Charlie: The museum!

Joey: (looking puzzled) I don't think so.

如果是字幕翻译，可加入标注。如果是配音翻译，可以做如下翻译：

查理：首先，我一定要去看大都会！

乔依：我先打断你一下。大都队最烂！要看就得看洋基队！

查理：不，不，不，不是大都队，是大都会！

乔依：会？开会也赢不了！

查理：是大都会博物馆！

乔依：博物馆也打不赢吧。

二、罪案类及医务类作品的语言特点

该类作品情节以罪案侦破、反恐行动、军事题材等为主，情节设置多以行动、侦破等为主线，主要作品如：*CSI（Crime Scene Investigation*）

(《犯罪现场调查》), 24 (《反恐24小时》), *Band of Brothers* (《兄弟连》) 等。

医务类作品以医院为主要故事设置地点,故事情节也多围绕诊疗过程展开。例如, *ER* (*Emergency Room*)(《急诊室故事》), *Grey's Anatomy* (《实习医师格雷》) 等。

罪案类及医务类作品的语言基本特点如下。

(一) 专业化

该类作品最突出的特点就是对白中包含很多专业词汇。不论是案件侦破的过程,还是诊疗过程,抑或是部队的各种行动,其中都有很多专业化的词汇。例如,罪案调查的过程中有很多与刑侦相关的专业化术语;在刑侦过程中,还会出现与尸检相关的一些医学类的术语;掌握相关证据之后,分析各证据之间的关系时,还会出现一些化学、物理等交叉学科的术语。医务类的影片在美国影视剧作品中占有相当大的比重,而专业化的词汇,不论是对影片的情节发展,还是与其他相关的内容设置,都有着连接彼此、不可或缺的作用。

比如,《犯罪现场调查》(*CSI*) 系列里,几乎每集都有到犯罪现场去收集各类指纹的设置,很多都翻译成了"采集",但其实这种翻译并不恰当。在刑侦学中,一般来说,从物品上收集指纹称作"提取",只有在嫌疑犯身上收集指纹才称作"采集"。专业化的词语纷繁复杂,在翻译此类影视作品之前,必须做好相关专业词语的储备。

(二) 称谓语

不论是罪案类、军事类,还是医务类的影片,都有自成体系的称谓语。比如,罪案类剧集中经常出现的各种警衔称谓,而军事类中的称谓更为细致。由于中英体系的不同,要正确反映各种称谓的位置和对应的中文等级非常困难,这需要对西方的政治体制以及社会习惯都有细致的了解。比如, Lieutenant 在军衔中对应的是"中尉",而在警衔中一般仅低于 Captain,可以译为"副队长"或"副警长"等。所以,对各类称谓语必须有理解清楚,才可以找到较为贴切的中文表达。

(三) 缩略语

罪案类及医务类作品的对白中常常使用缩略语。在处理这些缩略语时,切忌想当然。例如,在罪案类的影片中,常会出现 COD, TOD, GSR, MO 等,分别对应的是 cause of death(死因), time of death(死亡时间), gun shot residue(射击残留物), method of operation(作案手法)等。有些常见的缩略语,如 FBI, CIA 之类,一般观众都知道是联邦调查局和中央情报局,不会影响观众的理解,可以做零处理。

三、奇幻类及科幻类作品的语言特点

奇幻类作品以奇思幻想类的人物以及背景为主,不同于科学幻想类影片,其中的人物、情节、时代背景设置均为奇思妙想,与自然常理多为不符,但影片本身情节自成一体,有完整的关联关系。最具代表性的为 *Harry Potter*(《哈利·波特》)系列。科幻类作品以科学幻想为基础,情节和人物多围绕一些超过现代科学技术发展的科学设备或科学实验展开,情节设置是超现实类的,基于现实又高于当今科学技术水平发展。具有代表性的作品有 *Avatar*(《阿凡达》), *E.T.*(《外星人 E.T.》), *Armageddon*(《世界末日》)等。

奇幻类及科幻类作品的语言基本特点如下。

(一)新造词

不论是奇幻类还是科幻类的影视作品,都不乏一些新创造的词语或表达方式。《哈利·波特》系列影片中与魔法相关的一系列词语,都是原著作者罗琳(J. K. Rowling)在英语语言的基础上创造出的新词,其中一些词语与源语词根存在着紧密的联系。但在 *The Lord of the Rings*(《指环王》)系列影片中,除了广泛使用一些古英语之外,精灵族人的语言是我们根本无法理解或有章可循的,这是原著作者托尔金(J. R. Tolkien)专门创造的一种语言。因此,翻译奇幻类及科幻类作品之前,要对这类非传统语言有充分准备。以《哈利·波特》为例,这部作品中有很多奇幻类的新造词,如人物姓名、魔幻动植物名、魔法地名、魔法食物名、魔法部门名、魔法物品名、魔法课程名。例如,人名有 Peter Pettigrew, Wormtail;地名有 Gringotts;魔幻动物有 Fang, Hippogriff 等。

（二）科技语

奇幻和科幻类作品总会涉及科技词汇，尤其是科幻类的影片走在世界先进科技的前面，影视作品情节的推进要求观众能准确理解其中的高科技。科技类的词语繁复、精确、专业，如果说其他类影片有其他可借助的元素帮助我们理解的话，科幻类影片却无法逃避这些一环套一环的科技类词语。

动画片《蓝精灵》(*The Smurfs*)中，人物的中文译名要抓住片中精灵古怪的风格，如 Azreal（阿兹猫），Gargamel（格格巫），Smurfette（蓝妹妹），Brainy（聪聪），Gusty（勇勇），Grouchy（厌厌），Dreamy（梦梦）等。

四、文艺类作品的语言特点

文艺片的定义极具争议。文艺片全称为"文学艺术片"，本意为文学作品改编成的电影，而随着电影业的发展，现在的文艺片更多的是针对商业片来讲的。商业片以票房的商业收入为首要目标，而文艺片更多的是创作者一种非市场化考虑的艺术创作，多为极具导演个人风格的作品，其主旨并不一定是一种开放类的艺术形式，观众现在对文艺类的追捧更多的是一种个性化追求的体现。文艺类作品本身也多为从非传统的视角对世界及人生的一种探究，或是对一些社会问题似浅还深的思考。

文艺类作品的语言基本特点如下。文艺类作品以风格见长，往往是导演个人风格的凸显。比如，王家卫作为一名为世界影坛所熟知的文艺片导演，他的个人风格是舒缓的，每部作品又有各自不同的鲜明风格，如《花样年华》的压抑、《2046》的迷幻、《蓝莓之夜》的浪漫。文艺片更像是一个符号，它的出现是世界文化多元化最完美的体现。

（一）导演个人风格

导演就是一部作品的签名，这一点在文艺片上的体现是最为突出的。对文艺片的追捧往往就是对影片导演风格的一种支持与感动。翻译对作品中语言特色的凸显是整部影片风格的一种再创作，也是文艺片观众观影预期值的一种要求。

翻译文艺片的对白之前，要对导演的艺术风格有所了解，明确其个人风格对影片中语言类因素的影响,在翻译的过程中有意识地加以体现,可以称为是"为艺术而艺术"的翻译要求。

(二)角色个人风格

文艺片中角色的个人风格是影片风格的载体。文艺片常常会塑造一些标志性的人物,如《猜火车》(*Trainspotting*)中颓废的男主角,与他厮混在一起的一票小青年,这些角色的所作所为,都是该片着力呈现给观众的。翻译除了把握好导演的个人风格,还要理解并处理好影片中各个角色的风格。如果说导演的个人风格是作品的骨架,那么影片中角色的个人风格就是作品的血与肉。

(三)作品独特风格

一部文艺片的风骨既定,血肉长成之时,影片本身浓重的作品风格就是它的灵魂所在。像颓废的《猜火车》、迷幻的《2046》、心酸的《蓝色大门》,也许观众会忘记影片的导演、片中的演员,但是影片观后是余音绕梁的思绪和久久缠绕在心头的影片风格。

第三节 英语影视文体的翻译原则与技巧

一、英语影视文体的翻译原则

(一)喜剧类及剧情类作品的翻译原则

本类剧集及影片较为突出的语言特点如上所列,而翻译的目的就是让观众通过语言充分理解作品要传达的信息。译者需充分考虑该类作品的鲜明特点,并把握以下几点翻译原则。

1. 简洁与明了

由于影视翻译的特殊性,译文应越简越美,但必须保留其中的重要信息。碰到需要精心翻译的地方,应注重其信息的全面性和其形式的完整性,但不是对所有信息的一一罗列。译文不可能是也不应该是百科全书,译文不可能让受众在欣赏作品的同时,了解与之相关的一切背景知识与文化信息;译文也不应该是机械转化的结果,毫不考虑受众的知识背景与信息关联能力。

2. 定位与塑形

对一部影片的定位是多重的,有对整部作品总体风格的定位、对主线情节的定位、对主旨意念的定位、对角色形象的定位、对翻译标准的定位等。这些定位一定要在译者对影片有了全面细致了解的情况下,才能做出较为符合作品本意的塑形。喜剧片的主要基调是轻松、诙谐、搞笑,但不可否认,喜剧片中也有笑中带泪的片段,也有苦涩灰暗的人物设置,这些非作品主流风格的定位,如果在翻译之初没有做好应有的准备的话,对这些元素的处理就会产生草率和不妥的负面影响,结果对受众产生某种误导。

3. 尊重与创作

如果译者的作品让观众们都感觉如同在欣赏一部自然流畅的母语作品,而原作者又感觉自己的创作本意在译作中得到(较为)完美的体现,这就是(相当)完美的一部译作。翻译中必然会有译者的创作,尤其是喜剧类及剧情类作品,需要译者发挥创作的机会比较多,像上面提到的双关语、地方化等频繁出现的语言现象,都需要译者在译文中进行再创作。不过前提始终是"尊重"原著,即尽可能多地忠实于原著,在此基础之上进行(再)创造。

(二)罪案类及医务类作品的翻译原则

以上提到的一些常用语和特殊用法,需要长时间的积累并对相关专业知识有所了解,才可以正确地完成中文翻译。此外,译者还应在罪案类以及医务类的作品中注意以下几点。

1. 风格上要保证短、平、快

由于这类影片的整体风格是快节奏的,不论是情节的进展,还是角色的对白设计,都具有干练、高效、行动力强的特点。这类作品通过对白传递给观众的信息量相当大,同一长度的影片中,如一集约40分钟的剧集,罪案类及医务类的对白可以达到700—1 000句,而其他类平均只有400—500句。由于客观条件的限制,在保证准确翻译的前提下,用词经济是罪案类及医务类作品首要的翻译原则,各类粉饰或是加工应该能省就省。

比如,缩略语的翻译就是一大挑战,源语只用 2—5 个字母一闪而过的信息,如何快速准确地向中文观众来传达呢?像 FBI,CIA 等已经为相当多中国受众所熟知的机构名称,译者可以采取零处理。但对于较专业的缩略语,如 AFIS,必须寻找最经济的译法。AFIS 的全称是"自动指纹识别系统",但"指纹库"这种译法,可以用最少的字数表达最为准确的意思,否则观众还没看明白,就一闪而过,转入下一节对话。

2. 细节上要保证准、简、全

这类影视剧中特有的称谓、机构、专业术语等词语的翻译都存在乱译、误译等现象。有时一个单一称谓或机构的误译似乎并没有太大的影响。这些称谓翻译的准确与否,受众也很难判断,但错误信息的传递阻断了文化的传递。像 Secret Services(特勤处)这一机构的翻译就有很多乱译的版本,如"秘密服务""特务处"。再如,警员到达现场或是疑犯住处,并进入房间或现场后,发现并没有疑犯或是其他危险情况时,会呼叫 clear,意为"安全"。然而,很多译者直接译为"干净""清除"等,使人莫名其妙。这样的错误就是译者想当然的结果,没有做进一步的推敲。

美国军队中,海军、海军陆战队、海岸警卫队的军衔跟空军、陆军的不同,最值得注意的两个是 Captain 和 Lieutenant。在海军中,Captain 是船长、舰长或上校的意思,Lieutenant 是上尉的意思。而在陆军中,Captain 是上尉的意思,Lieutenant 是中尉的意思。

在美剧 NCIS(《海军罪案调查处》)的翻译中,很多人把 Marine 翻译成海军,其实 Marine 在美国军队中专指海军陆战队,Navy 通常是指美国海军。美国海军陆战队(US Marine)在美国的地位很高,是独立于海军的美国武装部队第 4 军种,编制约 194 000 人,拥有自己的两栖运输舰队、航空兵部队,及相应的后勤与作战支援部队。在 NCIS 剧集中,不单单只是海军陆战队,在很多情况下,都是发生在海军内部的一些案情,所以对于演员的称谓,一定要弄清楚是归属于海军陆战队,还是海军。在 NCIS 剧集中,一般情况下对话中称呼上校和中校都为 Colonel,称呼中尉和少尉都是 Lieutenant,称呼士官都为 Petty Officer。译者只能在翻译时看衣服上的具体军衔来确定(军官看领口,士官和士兵看袖口),中校是银色的橡叶徽(少校是金色的橡叶徽),上校是一个类似鹰的标志。上尉是两道银色单杠,中尉是一道银色单杠,少尉是一道金色单杠。军士长是三道斜杠带两弧,上士是三道斜杠带一弧,中士是三道斜杠,下士是两道斜杠。

美国陆、海、空三军军衔称谓各有不同,翻译时要注意区分。如何兼顾"简"与"全"呢?"全"的意思不是把所有的东西都翻过来。比如,在 NCIS 剧集中,有一位痴狂的化学家将所有的化学元素编成了一首电子舞曲,探员 Abby 就一直在化验室里放着这首歌。其中的信息对于情节并没有什么关键的作用,可以做零处理,只需交代这是一首完全由化学元素编成的电子舞曲就可以了。这样就可以达到翻译的"简"。而"全"的例子可以体现在英文缩写的翻译中,基本上对白中所有的缩写都要找到准确的中文译文,翻译的"全"就体现在这里。这些缩写对于英语受众来说是生活中经常碰到的词汇,所以可以用缩写带过。但对于西方文化背景知识有限的中国受众,这些信息只有全面转化才可以让观众跟得上作品的节奏和发展。这也是翻译技巧要完成的另一任务 back translation(回译)。

(三)奇幻类及科幻类作品的翻译原则

1. 奇与幻

奇幻类与科幻类作品在翻译的自由度上也有区别。奇幻类作品充分发挥想象力,天马行空,游骋无际,呈现出的是现实中无法看到的、听到的、感觉到的画面、人物、场景,但这类作品又基于一些人类生活的基本常理。比如,《哈利·波特》中的魔法学校虽然奇幻,但和正常的学校一样,两个学期是一个学年,有寒暑假,也过圣诞节等,让我们更有融入这一魔幻世界的准备。《指环王》系列虽然发生在离我们很遥远的中世纪,人物也更为复杂,有法力无边的魔法师、矮小朴实的哈比人、轻盈神逸的精灵族、半人半兽的魔兵、黑暗邪恶的戒灵、自我放逐的伟大人类帝王,但正义、勇敢、背叛、忠诚等却是现实生活中冲突的另一种放大。

为观众带来非现实冲击的奇幻类作品,最重要的就是它的奇与幻,在影视翻译过程中,如何体现情节的奇、画面的幻就是翻译的第一要素。《哈利·波特》和《指环王》系列在中国取得了前所未有的成功,翻译确实起到了很大的作用。

2. 以科技为基础

科技是科幻的基础。科幻类作品的创作自由度远远不如奇幻类,因为科幻类作品是用科学幻想的创作方式来解读当前的现实问题,像近年成功的灾难片 *The Day after Tomorrow*(《后天》)就是用科幻的手法让人们意识到气候变暖将会带来的灾难。翻译要把与情节相关的科学技术词汇表述清楚,这类词汇对情节的理解相当重要。美国制作了很多成功的科幻类剧集,如 *X-file*(《X 档案》),*4400* 以及近来热播的 *Heroes*(《英雄》,又译《天骄》)等。在《X 档案》中,每集都会专注一起或几起人类无法破解的悬疑案件,但破获这些案件的警察都是利用现有的科学技术来解释这些疑难案件。*4400* 和 *Heroes* 这两部较为相似的剧集关注的都是具有超能力的人,每集都会有关于如何获得和去除这些超能力的情节,不论是改变基因组还是利用肾上腺素产生血清,都与故事的发展息息相关。成功翻译科幻片,科技词汇的翻译起到了穿针引线的作用。处理不好,整部作品也许就会成为一部晦涩难懂的非现实主义作品。

(四)文艺类作品的翻译原则

1. 以风格取胜

文艺片的风格是文艺片的生命线。一部文艺片让人深深难忘,就是因为它独特的艺术风格。翻译要始终守住影片的风格,切不可千篇一律,只着重语言本身。纵使不可能传递同样的感怀与气质,也要尽量接近,努力形成与源语影片相似的艺术风格气息。

2. 把握主题词

文艺片往往都会有主题词或主题句。比如,王家卫导演的《阿飞正传》中"我听别人说,这世界上有一种鸟是没有脚的,它只能够一直地飞呀飞呀,飞累了就在风里面睡觉,这种鸟一辈子只能下地一次,那一次就是它死亡的时候"。这些台词就是整部影片的点睛之笔,翻译的时候要准确把握,拿捏得当。如何让译文在影片中留下如原文的烙印,不但需要影片本身的魅力去撼动观众的内心,更多的是靠翻译的传情达意。

第六章　英语影视文体翻译

例如：

RENTON（V. O.）
Now, I've justified this to myself
in all sorts of ways: it wasn't a big deal,
just a minor betrayal, or
we'd outgrown each other, you know,
that sort of thing, but let's face it,
I ripped them off. My so-called mates.
But Begbie, I couldn't give a shit
about him, and Sick Boy, well, he'd have
done the same to me if only he'd
thought of it first, and Spud, well, OK,
I felt sorry for Spud—
he never hurt anybody.
So why did I do it? I could offer
a million answers, all false. The truth
is that I'm a bad person, but that's
going to change, I'm going to change.
This is the last of this sort of thing.
I'm cleaning up and I'm moving on,
going straight and choosing life.
I'm looking forward to it already.
I'm going to be just like you: the job,
the family, the fucking big television,
the washing machine, insurance,
mortgage, starter home, leisure wear,
luggage, thee-piece suite, DIY,
game shows, junk food, children,
walks in the park, nine to five,
good at golf, washing the car,
choice of sweaters, family Christmas,
indexed pension, tax exemption,
clearing the gutters, getting by,

looking ahead, to the day you die.
蓝顿（画外音）
我以各种方式为自己辩护，
没什么大不了的，
只不过是个小小的背叛，
或者说合久必分。反正就那么回事了。
但事实是，我坑了他们，
我那帮所谓的哥们儿们。
我根本不属 Begbie（伯比），
至于 Sick boy（变态男），哼，
他要是想到了，肯定也得下手的。
Spud（屎霸），嗯，
有点对不住
他毕竟没伤害过谁。
那我为什么那么作？我有一大堆理由
那有个屁用，都是假的。
事实就是，我根本就不是个好东西。
但是要变的，因为我要改变。
我保证这是最后一次。
我要洗心革面，向前看，
选择生活，一路向前。
我已经在期望我的生活了。
我以后会跟你们一样，找工作，
成家，买他妈的那些大电视，
洗衣机，上保险，
抵押买房，穿休闲装，
打包带行李，穿三件套，自己做东西，
看综艺节目，吃垃圾食品，生孩子，
到公园散步，朝九晚五，
打打高尔夫，洗洗车，
冬天穿毛衣，圣诞节要家庭会餐，
老了拿养老金，免免税，
修修下水道，日子一天天过，

向前看,就这么一直到老死那天。

二、英语影视文体的翻译技巧

(一)英语影视文体中字幕的翻译

1. 信息准备

任何一个翻译过程,在翻译之前都必须储备大量相关信息,字幕翻译亦然。字幕翻译绝非单纯的字幕语言转换,作品的创作背景、文本特征、对白特点等非文本信息的全面掌握与合适处理对翻译起着画龙点睛的作用。译前信息准备工作可以从以下几个途径进行:充分利用互联网资源,积累丰富的影视资讯信息,熟悉影视制作流程。比如,美剧《犯罪现场调查:纽约篇》(*Crime Scene Investigation*: *New York*)的前期准备工作相当繁重。本剧是其犯罪现场调查系列之一,与之同系列的还有《犯罪现场调查》(*Crime Scene Investigation*)、《犯罪现场调查:迈阿密篇》(*Crime Scene Investigation*: *Miami*),三部剧集在编剧风格、人物性格、案情设置、跨剧合作方面都各有特色。虽然此类罪案剧集的剧情每一集相对独立,但也经常会涉及之前剧情的内容,翻译时切不可任意为之,开工之前要做足功课。

Diane: The last time I spoke with Victor was..uh...10 p.m. last night. He was working late.

Tobias: Homeland security, right? Paper pusher?

Diane: Data storage coordinator.

Tobias: Sounds important.

Diane: It's not. But he likes it that way. He's not married to his work, he's married to his wife. A novel concept to the both of you, I'm sure.

Gibbs: Was he at the office when you spoke?

Diane: No, he was stopped at some fast food joint. He thinks I don't know, but I can smell it.

Gibbs: I'll bet.

Diane: What is that supposed to mean?

Tobias: It means I wouldn't go home either if I was covered with bacon and cream, since a bloody hound was home waiting.

  黛安：我最后一次和维克多通话是昨晚 10 点。他加班了。
  托拜厄斯：国土安全局，对吧？文职？
  黛安：数据存储专员。
  托拜厄斯：听着很重要。
  黛安：不重要。但他也很喜欢这工作。但他爱的是老婆，不是他的工作。这种想法肯定你们二位无法理解。
  吉布斯：你们通话时他在办公室吗？
  黛安：不在，在一家快餐连锁店。他以为我不知道，但我闻得出来。
  吉布斯：这难怪了。
  黛安：你这话什么意思？
  托拜厄斯：意思就是，如果家里有一只恶犬等着，吃得满嘴流油的我也肯定不敢回家。

  此剧中托拜厄斯和吉布斯两人合作办案，而该案受害人维克多的现任妻子黛安正是这两位探员的前妻。维克多前晚失踪，未到 24 小时报案时限，黛安担心维克多出意外，所以向两位前夫——FBI 的托拜厄斯和 NCIS 的吉布斯——求助，想请求他们两位对此事进行调查。在对话过程中，黛安提及维克多对工作的态度时，话里有话地对两位前夫有所指责，这在翻译时较为容易。但当她说到自己都闻得出来维克多在快餐店时，吉布斯一句 I'll bet 点燃了双方之间的火药桶。I'll bet 的字面含义为"我敢打赌"，意指对某事的确定。此处是吉布斯听到黛安那种控制欲强的表述，表明他和托拜厄斯都认为维克多晚上未归并非如黛安担心的那样出了什么大事，也许只是想短暂地逃开妻子的管束。

  2. 信息整合

  字幕与其他文本的最大不同之处在于时间与空间上的双重限制，因此对于源语影片中的信息进行整合是字幕翻译必备的技能，整合的过程不但包括对信息的压制，还包括一些非言语信息的转换与体现。Gottileb（2004）指出，翻译影视节目时，译者需要考虑四个同时进行的传播通道。

  （1）言语声道：包括人物对白、背景话音及歌词。
  （2）非言语声道：包括背景音乐、自然声响及特殊音响效果。
  （3）言语视觉通道：包括影视片本身内嵌的字幕以及屏幕上各种文

字标志。

（4）非言语视觉通道：画面的构成以及运动。

更为重要的整合技能就体现在对言语视觉通道的信息处理上。影片中出现的路牌、指示牌、书信、图像中出现的等非对白信息，如果对观众理解剧情是必需的语言元素，就一定要在字幕中有所体现。例如，在影片《绝望的主妇》(*Desperate Housewives*)中出现一封匿名信，信上写着"我知道你做过什么。让我感到恶心。我打算告诉别人"(I know what you did. It makes me sick. I'm going to tell)。此信对于剧中女主角的自杀之举有推波助澜的作用，而且在之后的剧集中又有完全相似的一封匿名信出现，所以当画面中出现此信而没有旁白时，必须加入字幕。

3. 受制约的翻译

原西班牙巴塞罗那自治大学的 Diaz-Cintas 教授将影视翻译的配音和字幕翻译归为"受制约的翻译"。我国影视翻译研究先驱钱绍昌教授也从翻译的角度归纳总结了影视翻译语言的五个特点：聆听性、综合性、瞬时性、通俗性和无注性。无注性这一特征在配音翻译过程中的制约性是绝对的，但在字幕翻译时，可以在时间空间允许的范围内考虑加注。对字幕进行翻译，就需要涉及对言语信息进行浓缩。学者 Luyken 称字幕翻译涉及理论上的分离和实际上的同时展开的三个组成部分。

一是语际信息的传递。

二是语篇的浓缩。

三是口语向书面语转化。

Nedergaard-Larsen 也称字幕翻译是一种特殊的语言转换，是对原声口语展开文字上的浓缩性质的翻译。

因此，在字幕翻译的过程中，对其进行简化是一项非常重要的技能。但是，字幕翻译的浓缩并不是要求对译文进行简化，导致与原声主题偏离，也并不意味着译者可以随意删减与压缩原文。翻译中的缩减需要考虑将剧情传达的内容表达出来，并且便于译语观众理解和接受。译者往往从语句在原文中的重要性出发，以及考虑信息接收者的认知情况，从而确定字幕译文是繁还是简。影视翻译的简明易读可从三个层面上进行简约化处理，即词汇层面、句子层面以及语篇层面。词汇层面上的一些语气词，如 um, uh, er, ah 等，连词如 okay, so, actually, you know, but, anyway, look 等，应答词组如 you know, you see 等，在翻译时可做零翻译处理。

Molly, *New York Times* is just some frustrated little critic with pimples on his ass who flunked out of art school, so who cares what they think.

莫莉,《纽约时报》那些评论员是些失意的小文人,油脂分泌过多,屁股上长着小脓包,艺校都曾考不及格,他们想什么谁在乎啊?

语篇层面上也应在确保对白译文连贯、表达清楚源语意义的前提下,对源语语篇层面做适当裁剪。该例中,《纽约时报》的评论员被形容为"臀部上都长小脓包"(with pimples on his ass),说明这些评论员年轻气盛,油脂分泌过多,这种语言描绘形式只是表达出一种强烈的鄙视和不屑。为使"臀上长脓包"言之有理,译文增补"年轻气盛,油脂分泌过多"等话语,否则现场难以一听就懂。这是"增译"技巧,但这样"增译"也许造成空间不足,为达到了空间限制与句意转换的双重要求,有一种"误译"不妨一试:

莫莉,《纽约时报》那些评论员都是些连艺校都不要的小愤青,何必在乎他们说什么?

(二)英语影视文体中配音的翻译

影视作品独特的综合性文本特点决定了其特殊的翻译策略,即"变译"。从理论上讲,变译是相对于全译提出来的,区分标准是对原作内容与形式完整性的保留程度。全译是将原文几乎没有遗漏地翻译成另一种文字;而变译是译者根据特定条件下特定读者的特殊需求,采用增、减、编、述、缩、并、改、仿等变通手段摄取原作有关内容的思维活动和语际活动。影视作品的翻译以原片为依据,不但始终受到原片语言结构、语言习惯以及文化背景等方面的制约,还受到影视表现形式的种种束缚。为了求得信息传播的最佳效果,让观众享受观看的过程,译者要对原作的内容或形式采取各种变通的手段。笔者从下面几个方面具体论述如何化解译文与原文之间的矛盾,即口型一致、风格一致、避免误译。

1. 口型一致

翻译文学作品首先要通读整个作品,把握好作品的语言特点,翻译影视剧本同样也要把握好原片的语言特点,包括句子的长短,片中角色的语速,包括特定角色的语速和同一角色在不同语境中的语速等。根据原文特征再思考如何用译入语呈现原片的语言特征,实现语言节奏的对应。为了做到配音与屏幕上演员的口型一致,译文句子的长度要尽量与原声长度一致,同时每句台词第一个音节和最后一个音节的开合也要与原声一致。

(1)缩减与增加:长度一致

第一,译者要考虑字数上的对应,即译文的字数应该与原文的字数在音节上契合。如果长度有太大的出入,就要考虑在内容上进行增减,如果原声的时间较长,那么考虑增加一些内容,并且增加的内容不得影响原文的意义,并且符合相应的语境;在缩减的时候,也需要将原文的信息传达出来。如果短句翻译过长,在配音的时候就需要加快语速,这样就会导致原本稳重的人物显得过于草率;如果长句翻译过短,那么配音的时候就需要放慢速度,那么原本热情的人物就会显得拖沓。

Jane: Do you think because I am poor, obscure, plain, and little, I am soulless and heartless? I have as much soul as you, and full as much heart!

译文1:

简:你以为,因为我穷,低微,不美,矮小,我就没有灵魂没有心吗?我的灵魂跟你一样,我的心也跟你完全一样!

(祝庆英译)

译文2:

简:你以为我不漂亮,也不富有,就没有灵魂,没有爱吗?我也是有心的人!

(张春柏译)

译文1是文学作品的译文,追求语言形式上的忠实;译文2是电影剧本的译文。译文必须兼顾口型的对应和句子长短的一致,并且读起来还要朗朗上口。

第二,译者在翻译时需要考虑原文的情绪。声音的轻重缓急、高低快慢等都会将不同的情感与意义传达出来。要想翻译好,就需要对语言节奏有恰当的把握。不同的语言,必然有着独特之处。英语属于语调语言、重音语言,其中包含很多的语调、重音,不同的语调、重音,代表不同的语气和情感;汉语有着阴、阳、上、去四声,也是靠这个来区分语气。因此,译者要努力使译文与原文在节奏、轻重及停顿等方面与剧中人物一致。

Queen: We've spoken with the Spenser family. It is their express wish that this would be a private funeral with a memorial service to follow in a month or so.

女王：我们和斯宾塞家族谈过了。他们一再表示，这是私人葬礼，不希望过分张扬。他们一个月之内会举行悼念活动。

上例中有一个长句，但女王在说这个长句时有适当的停顿，汉语译文则按照语气和语义断成了四小节，增加了一句"不希望过分张扬"来加重感情，还增加了一个主语"他们"，使句子完整。

第三，译者在翻译时不仅需要增加一些强调词，还要在句子长度允许下适当添加一些信息。观众在观赏一部影片的时候，更多的是欣赏导演的手法、剧情的推进形式等。为了帮助观众更好地跟上剧情的进展，译者应尽可能增加一些信息，透露一些对源语观众来说不言而喻的东西。下例选自《女王》，增加了额外的信息以帮助观众更好地了解剧情的发展。

Janvin: Good evening, Ma'am. I'm sorry to disturb...but I've just had a call from our Embassy in Paris. It's Princess of Wales.

简弗林：晚上好，陛下。很抱歉打扰您。我刚刚接到驻法大使打来的电话，**他说**威尔士王妃**出事了**。

上例中的黑体部分是译者额外增加的信息，一方面弥补字数，照应说话节奏，另一方面也能帮助观众更好地了解剧情的发展。

（2）注意选词：口型开合一致

译者不仅需要考虑中英文句子的长短一致性，还需要保证口型的开合程度的一致，尤其是原文中的停顿与句尾的字，要与口型相契合。如果英文对白最后是一个闭口音，但是翻译的时候翻译成了开口音，这样的翻译显然是不对的，翻译的时候也需要翻译成一个闭口音，并且与英文对白要保证一致。例如，Oh——噢，Hey——嘿。

2. 风格一致

（1）语言口语化

很多影视剧与现实生活有着紧密的联系，因此译者要保证语言的口语化，就是说话的口吻如同日常对话一般，那么流利与顺耳，让观众感觉到剧情与日常生活一般真实。上海电影译制厂老厂长陈叙一为了能找到最符合中国人思维习惯的对白，经常冥思苦想、茶饭不思。很多由

他"创造"的词儿都成了当下的流行语。例如:

Anne: Why is every man who seems attractive either married or barred on a technicality?

Dave: Your timing is rotten, but your instincts are just great.

安妮:请告诉我,为什么现在我所遇到的有魅力的男人,不是结了婚就是有了意中人?

戴夫:你时机掌握得不对,可你的感觉棒极了。

(2)语言性格化

影视剧中人物的性格、身份、地位、文化背景可以通过语言来表现。译者需要考虑具体的画面、人物的动作、表情等,将人物的性格等充分地展现出来,人物的语言要求性格化,这样才能让观众分辨出人物。对于这一点,译者需要深究人物当时的心情,对人物的内心世界进行深层次的了解,对人物语言的确切含义进行准确的分析和把握,这不仅能够将字面含义翻译出来,并且能够从情感上对剧中人物的喜怒哀乐进行理解,在遣词造句和语气表达上多下功夫。下例是电影《女王》中查尔斯王子对母亲伊丽莎白女王的话,译文没有采用直译,而是紧扣人物的身份和心理状态,做了视角上的调整,更好地衬托出人物的情感。

Charles: I've just been told you've decided we're to follow the Prime Minister's advice. I just want to say it's the right decision.

查尔斯:我刚刚听说,您打算听从布莱尔首相的建议,回伦敦。作为儿子,我很钦佩你。

3. 避免误译

翻译的基础是正确理解,但译制片中常会碰上一些瑕疵。有些语言错误明显是出于译者的疏忽,如《君子协定》中的一个片段,译者把"第三天"变成了"第一天"。

电影《心灵捕手》(*Gooding Will Hunting*)中也不乏粗心的误译,译者把十点钟(ten o'clock)误为十分钟。

Chuckie: Where are you goin'?

Will: I'm gonna take off.

Chuckie: Fuck you, you're takin' off. It's, like, what, 10:00.

Will: No, I'm tired.

查克:你去哪儿?

威尔：我要去睡觉了。
查克：你说什么？睡觉？只不过是10分钟而已。
威尔：我累了。

(三) 英语影视文体中片名的翻译

翻看20世纪30年代以来在我国上映的外国影片的片名，三字、四字、五字式的译法比比皆是。三字的如《红菱艳》《金玉盟》《荡寇志》，四字的如《孤星血泪》《相见恨晚》等，此外还有《盲女惊魂记》《乱点鸳鸯谱》《天涯何处无芳草》等非常中国化的译名。三字、四字译法的流行，主要因为言简意赅。例如，格雷戈里·派克主演的《乞力马扎罗的雪》（*The Snows of Kilimanjaro*）缩译成《雪山盟》，奥黛丽·赫本主演的《莎布丽娜》（*Sabrina*）改译成《龙凤配》，奥斯卡奖最佳影片《阿拉伯的劳伦斯》（*Arab's Lawrence*）改译成《沙漠枭雄》。下面将结合片名的文体特征及翻译的原则具体分析影视片名的翻译方法。

1. 音译

在英语电影中，很多使用片中人物、故事发生地的名字作为片名，体现出标志性特征。对于这类片名，最好翻译方法的就是音译。例如：

Avatar《阿凡达》
Chicago《芝加哥》
Casablanca《卡萨布兰卡》.
Hannibal《汉尼拔》
Nixon《尼克松》
Titanic《泰坦尼克》
Love Story《爱情故事》
The God Father《教父》
The Aviator《飞行者》
Schindler's List《辛德勒的名单》
Jurassic Park《侏罗纪公园》

在音译以人名、地名等专有名词所作的片名时，要遵守音译的一般原则，包括名从主人、选字恰当、约定俗成等几方面。比如，美国电影*Amadeus*采用莫扎特（Wolfgang Amadeus Mozart）的中间名作为片名，该名在拉丁文中有"上帝的赐予"之意，作为片名可谓凝练了莫扎特的一生,但如果只音译这一个字,缺乏西方文化背景知识的中国普通观众很可能不知道这部电影关于莫扎特,也不知道 *Amadeus* 的寓意。采用中国观众更熟悉的《莫扎特》既保留了原片名的特色,也让中国观众更了解电影内容。

2. 直译

直译就是对原来片名的意义进行保留,包括用词、修辞、结构等,也不乏流畅性。例如:

Dancer in the Dark《黑暗中的舞者》
Dances with Wolves《与狼共舞》
My Big Fat Greek Wedding《我的盛大希腊婚礼》
National Treasure《国家宝藏》
Rear Window《后窗》
Road to Perdition《毁灭之路》
Sunset Boulevard《日落大道》
Star Wars《星球大战》
The Fifth Element《第五元素》
The Lion King《狮子王》
True Lies《真实的谎言》
The Lord of the Rings《指环王》

3. 意译

有些影片片名中含有很多的典故、习语等文化因素,受文化差异的影响,如果采用直译很难将其隐藏的内涵翻译出来,这时候就需要采用意译的手段。未正确理解英文习语或典故而造成误译的例子并不鲜见。比如,美国电影 *One Flew Over the Cuckoo's Nest* 在我国台湾地区译为《飞越杜鹃窝》,该译文没有正确理解 the cuckoo's nest 的文化内涵。英语 cuckoo's nest 的引申义为"疯人院",所以正确的译法应该是《飞越疯人院》。史泰龙主演的 *First Blood* 直译为《第一滴血》也是错误的, first blood 是英语习语,意为"初战告捷"(the first success in a contest)。*American Beauty* 翻译成《美国丽人》或《美国美人》也是望文生义, American beauty 是指电影里频繁出现的红玫瑰,俗称月月红,四季开花但花期短暂,在电影中具有某种象征意义。

4. 增译

很多人对于英语电影的背景不甚了解,很多片名仅仅采用直译或者意译也起不到应有的宣传效果,译者可以结合影片内容增加有关词语,扩大片名的信息量。例如,巴顿将军在美国家喻户晓,但是影片 *Patton* 若音译为《巴顿》,很多中国观众对此片的内容可能仍然一无所知,所以增加"将军"译为《巴顿将军》更有利于观众了解这部电影。

以下诸例都采取了增译的方法,加粗部分为增加的信息。

Bambi《**小鹿**斑比》(动画片)
Shrek《**怪物**史莱克》(动画片)
Tarzan《**人猿**泰山》(动画片)
The Hulk《绿巨人**浩克**》(动作片)
Chocolat《**浓情**巧克力》(剧情片)
The Terminal《**幸福**终点站》(剧情片)
Monsters Inc.《怪兽**电力**公司》(动画片)
Philadelphia《费城**故事**》(剧情片)
Scarface《疤面**煞星**》(剧情片)
Seven《七**宗罪**》(惊悚片)
Swordfish《剑鱼**行动**》(动作片)
The Piano《钢琴**别恋**》(剧情片)
Waterworld《**未来**水世界》(科幻片)
Wilde《王尔德**和他的情人**》(剧情片)
Forest Gump《阿甘**正传**》(剧情片)
Blood and Sand《**碧**血**黄**沙》(剧情片)
Night at the Museum《博物馆**惊魂**夜》(喜剧片)

5. 直译意译结合

直译意译结合是指保留原名的部分成分,补充或省略一些内容的翻译手法。虽然直译意译在其他文体的翻译中十分少见,这种译法甚至被翻译界视作翻译的下策,但是在影视作品的片名翻译中,却时常使用此方法,直译意译结合翻译的好处在于不仅可以做到忠实于原片名,还可以掺入一些修饰性的创新,往往更富吸引力。例如:

A Walk in the Clouds《云中漫步》

第六章　英语影视文体翻译

The Bachelor《亿万未婚夫》
The Fugitive《亡命天涯》
The Net《网络情缘》
Bridget Jones's Diary《BJ 单身日记》
Twilight《暮光之城》
Legally Blonde《律政俏佳人》

6. 音译意译结合

音译意译结合指的是对于片名音译的时候，也需要用意译的手段进行加工，从而与影片的内容更加贴合。例如：

Elizabeth《伊丽莎白女王》
Joe Dirt《乔德特历险记》
Stuart Little《小老鼠斯图尔特》

[内容小结]

影视剧的对话是一种特殊的语言文本，具有独特的语言品格。学习影视剧翻译就是认识影视剧语言的特征和翻译的目标，掌握如何实现这个目标的方法和手段，培养必要的语言能力、文化修养和艺术感觉。这里要注意的是，影视剧属于大众传播，作为翻译，其根本使命就是通过语言转换服务大众。研究影视剧翻译的目的就是掌握语言转换的艺术，从而更好地服务大众，因此本章从喜剧类及剧情类、罪案类及医务类、奇幻类及科幻类、文艺类作品出发，探讨各类影视剧的语言特点，并分析具体的翻译原则，进而探讨具体的字幕、配音以及片名的翻译技巧，以便于学习者更好地展开英语影视文体翻译。

[翻译练习]

翻译练习 1：美国电影《起锚》片段 1（颁奖）

H: On behalf of your commanding officer, I can tell Mr. Jos Iturbi that this ship's officers and crew are grateful to him for coming here to lead our Navy bands.

I: Along with every other civilian, it is I who am grateful to you. And to all the men in the US Navy.

C: The men who are to be decorated are present, sir.

L: Joseph Brady. Gunner's Mate, Second Class. Clarence Doolittle, Scaman. First Class. During the action aboard the US Cruiser

Knoxville, these men served their gun until the ammunition was exhausted. When by force of explosion, Doolittle was blown overboard. Joseph Brady, without regard for his own personal safety, dived into the sea and rescued his shipmate.

H: Acting for the Secretary of the Navy, I award you both the Silver Star. Congratulations, Brady.

J: Thank you, sir.

H: Congratulations, Doolittle.

K: Thank you, sir.

H: To those formerly on the Knoxville, including those just decorated: You'll have four days leave effective immediately.

C: Leave your quarters!

翻译练习2：美国电影《起锚》片段2（打电话）

S: But, honey saved all of my leave for you! Why shouldn't I have? You're the only one anyplace I want to see.

K: What is he doing wrong?

J: He's dead, that's all. Watch.

S: I don't want to meet your boyfriend's ex-girlfriend. I want to meet you. Well, you'll be sorry!

All: "You'll be sorry!"

J: Hello? Miss LaVerne? Miss Lola LaVerne? Is this the face that launched a thousand ships? Yeah, it's Joe, alright.

C: Doesn't anybody want coffee?

C: Doesn't anybody want coffee?

All: Shh!

J: Well, it'll take me a while to hit Hollywood. Can you wait? I know what you mean, baby. But you just try. Well, let's decide that later. After eight months at sea, all I want to do is just look at you for a long, long time.

All: C'mon! Eight months is a long enough time to wait!

K: Hello, you beautiful creature.

O: When you hear the tone, the time will be 6 : 10 and one quarter. Buy War Bonds!

第六章　英语影视文体翻译

K: Thank you, I will.

S: Hey, the buses for Hollywood!

翻译练习3：电影《居里夫人》片段（"谈性格"）

Oh, I—I'm not paying you a compliment. I m only telling you what I see in your face. It's all there, in people's faces. Look at my husband. A good man and a good doctor. Look at Pierre. A poet, but a poet with brains. A poet, and a laboratory. Look at me—fat and foolish, but quite a good old soul. Oh, it's true. Why should I mind...

But then—look at yours. Stubborn, determined-obstinate, and of course, intelligent. And then there's something else that I can't quite give a name to. Fiery, is it? No, that's wrong. Flame-like. That's a little nearer. Flame-like, then. Something like a flame.

[参考译文]

译文1：

哈蒙德：请允许我代表全体官兵，对亲自为本授奖仪式担任海军乐队指挥的——乔斯·伊特比先生，表示诚挚的谢意。

伊特比：作为一个公民，应该是我对将军阁下及我们的海军表示衷心的感谢。

上尉：先生，那两位功臣已经到场了。

副官：约瑟夫·布雷迪，中士。克劳伦斯·杜利特尔，上士。他们在美国诺克斯维尔号驱逐舰的一次行动中，坚守战斗岗位，直到打完最后一枚炮弹。突然，杜利特尔被炸落到海里。约瑟夫·布雷迪奋不顾身，跳入水中，救起了自己的战友。

哈蒙德：我代表海军司令部，授予你们二位银质五星勋章。祝贺你，布雷迪。

乔：谢谢你，将军。

哈蒙德：祝贺你，杜利特尔。

克劳：谢谢你，将军。

哈蒙德：我宣布，所有曾在诺克斯维尔号服役过的成员，从即日起，享受四天的假期。祝各位愉快。

上尉：全体解散！

译文2：

水手：宝贝儿，我的整个假期都留给了你。有什么不应该的？啊，不管在哪儿,我唯一想见的就是你。

克:他有什么错,乔?

乔:完了,没戏了,你瞧。

水手:什么? 我说宝贝! 我不想见你男朋友以前的女朋友。我想见你!你,你会后悔的!

水手众:你会后悔的!

乔:喂? 拉维恩小姐? 是洛拉·拉维恩小姐吗? 您就是那个令人陶醉的她吗? 对。对。是的,是我。你好,我的小美人儿——

厨师:(叠)来来来,请喝一杯热咖啡。

水手众:嘘! 别出声!

乔:奥,几个小时后我就到好莱坞了。你能等吗? 奥,这个我能懂,宝贝儿。算我求你了。啊,这个、这个以后再说。我出海半年多了,我唯一期盼的就是好好看看你,懂吗? 嗯——哼。 奥,你说得对。没错。

众:快点儿,别磨蹭。快点儿,快点儿。快点儿,别让我们再等八个月。

克:喂。喂,你好,我的小美人。

接线员:听到铃响后,已经是六点二十五分了。快去买债券吧!

克:谢谢。我会的。

水手:伙计们,去好莱坞的车已经到了。

译文3:

奥,我——我不是有意恭维你。我是从你的脸上看出来的。人的面相很能说明问题。你看我丈夫,是个好人,是个好医生。你看皮埃尔,诗人,有头脑的诗人,蹲实验室的诗人。你看我,又肥又蠢,不过心肠很好。这是事实。我不在乎……

我们看你的脸,固执、有决心、很倔强,当然非常聪明。还有一点到底像什么我一下说不准。有点火热? 不,不对。像火焰。这样更接近点。像火焰。可以说和火焰一样。

第七章 英语科技文体翻译

[本章要点]

在新时代,随着科技迅猛发展,国与国之间交往日益紧密,以科技作为主题展开的交流也越来越频繁,并且在社会发展中起着非常重要的作用。与此同时,科技翻译工作对于国与国之间的沟通显得非常必要。科技翻译主要是为了传达原文科技信息与科技知识,展开科技交流,因此要想准确地进行科技翻译,显然不是很容易。本章就重点分析英语科技文体翻译的相关内容,即以科技文体知识为切入点,分析英语科技文体的语言特征、翻译原则与翻译技巧。

[学习目标]

(1)了解科技文体的基础知识。
(2)清楚英语科技文体在词汇、语法等层面的语言特点。
(3)把握英语科技文体的翻译原则与翻译技巧,并能够进行英语科技文体的翻译实践。

第一节 科技文体概述

一、科技文体的结构

由于科技文章具有很强的科学性和应用性,在长期的写作实践和应用中,它的结构逐步形成以下几个特点。

（一）格式固定

科技文章的主要体裁,如科技论文、科技报告和科技情报的写作格式,正趋向统一,相对固定。这是科学技术发展的需要,也是科技文章应用性强化的表现。从作者方面讲,格式的固定,给写作带来了一定的便利,可以不必为构思布局煞费苦心,节省了时间和精力。从读者方面讲,世界每年发表的科技论文达五百余万篇,数量之多,使科技工作者根本无法卒读。文章格式固定,有利于读者熟悉其形式,从而更好地去掌握文章的内容。另外,科技情报工作,也要求科技文章的格式规范化,这样便于对科技信息的收集、整理、存储,也是实现科技情报工作现代化的必要条件。早在20世纪60年代初,许多国家的科学家就呼吁统一科技论文格式。1978年,英国、美国、加拿大生物医学期刊编辑在加拿大温哥华集会,通过了生物医学期刊文稿的统一格式,为许多国家所采用。我国为了实现科技文献的标准化,将要正式颁布科学技术报告、学位论文和学术论文的编写"格式",这是国家标准,具有法规性质,必须遵守。至于某些事务性的科技应用文,如科技协议、合同,科技成果申报书与鉴定书等,不但格式固定,还制成统一的表格,使用更加方便。

下面我们以科技论文为例,对其格式做一介绍。科技论文通常由下列八项组成:(1)标题;(2)作者及其单位;(8)摘要;(4)前言;(5)主体;(6)结论;(7)致谢;(8)参考文献。①

由于论文性质、内容的不同,主体部分的结构略有变化。实验性研究论文,是通过科学实验发现问题,在此基础上进行比较、分析,得出结论。因此,主体部分往往包括材料和方法、结果和讨论两节。理论性研究论文,重在分析、论证问题,阐明道理。因此,主体部分主要用于阐明立论前提,依据的事实和提出的假说,并介绍论证的过程,一般不设"材料和方法"一项。

（二）纲目分明

科技文献中普遍使用标题和序号,使文章结构更视觉化。标题是各部分内容的概括,序号则是全文各章节排列顺序的标志。标题可分几级,序号亦分等级。运用标题和序号可使文章纲目分明,条理清晰,结构

---

① 蒋瑞松,张磊,郑斯雄.简明科技文体写作[M].上海:学林出版社,1989:13.

第七章　英语科技文体翻译

统一、整齐,富于节奏感。例如:[1]

第一级标题 1.,1.1 第二级标题,1.1.1 第三级标题;1.1.2 第三级标题;1.2 第二级标题……

第一级标题 2.;2.1 第二级标题;2.1.1 第三级标题;2.1.2 第三级标题;2.2 第二级标题……

读者通过标题、序号,可以清楚地了解文章的脉络,掌握内容的重点。长篇累牍的论述,会叫读者厌烦,并且难以掌握文章的内容。因此,需要对复杂的论述加以编排,即每提出一个新的论点或概念,另起一行,并标上序号。这样做,既可使重点突出,又显得条理分明。

(三)逻辑严密

文章的结构是作者认识事物思路的展现。任何事物都是有规律可循的,文章的结构是作者对这一规律认识的体现。科技文章的结构则更直接地反映了这一规律,具有严密的逻辑性。科技论文正文部分的结构,一般呈现为:前言、材料和方法、结果和讨论、结论。

我们对每部分的内容略加分析,就可了解它们之间的关系。

前言,是一篇论文的开头,主要用以说明本课题是怎样提出来的,目的是什么,这项研究在理论和实践上有什么意义。

材料和方法,主要用以交代用什么材料、方法取得结果的,旨在证明实验结果的科学性和结论的正确性。

结果和讨论,这部分要对实验所取得的数据,观察所得的现象,进行讨论。

结论,是将实验中得到的结果,通过分析、判断、推理得出对事物本质和规律的认识。

从上面的分析中,可以知道正文各部分不是随意简单的排列,而有着内在的逻辑联系。前言是提出问题,材料和方法、结果和讨论是分析问题,结论是解决问题。

科技论文安排材料的基本顺序,反映了科技工作的规律和人们认识事物的思维过程,有着严密的逻辑性。结果和讨论一定是在材料和方法之后,讨论一定是在结论之前。前后秩序不可更动。但是,我们不能把科技文章格式的规范化当作束缚自己的框框,在不违背科技文章结构原

---

[1] 顾铭新.中国现代应用文全书[M].长春:时代文艺出版社,1995:4.

则的前提下,作者完全可以根据文章内容和客观需要,进行创造性的谋篇构思,写出风格多样的作品来。许多著名科学家,如钱学森、茅以升、华罗庚、严济慈等,他们的科学论著既合乎规范,又有鲜明的个人风格,是我们学习的典范。

二、常见的科技文章结构类型

文章的结构是文章内在逻辑的视觉化。它通过划分段落、层次构成文章的外部形态。科技文章根据表达内容和使用的目的不同,在安排材料时,结构方式各异,常见的有下面几种基本类型。

（一）时空式

这指的是以时间先后、空间位置转换为顺序来安排文章的层次。这种结构方式,条理清楚,记叙事件完整。常用于记叙事物的发展变化和实地观察的过程。例如,实验报告和实验型论文中的试验部分,介绍实验过程,是按时间顺序写的；说明实验装置是按空间位置序列。竺可桢的科学考察报告《杭州西湖生成的原因》(《竺可桢文集》)是按西湖四周不同地理位置的地貌、地质来安排层次的。

（二）归类式

这指的是按照事物性质的分类来结构文章。每一类别为一个层次,按其内在逻辑关系加以排列。有的还标出题目,显得纲目分明,便于读者把握文章内容。例如,1972年中国科学家代表团赴英、美、瑞典、加拿大考察所撰的《国外环境污染和环境保护考察报告》,正文列出考察项目几项：在四国参观访问的概况,四国环境污染情况,环境保护的行改管理办法,保护环境的技术措施,环境保护的国际性,四国环境的领导机构。上述几项内容是按问题性质分类的,眉目清楚。这种结构方式常用于报告类文体,方便写作和阅读。

（三）总分式

议论类文章一般由引论、本论和结论组成。引论是文章的开头,通常先提出一个问题,明确文章论述中心,本论是文章正文,对引论提出的问题进行深入、具体的论述,揭示出事物的本质规律；结论是文章的结尾,在本论分析的基础上,进行归纳,得出结论,使问题得到解决。这种"提出问题—分析问题—解决问题"的结构方式,又称为总分式。

科技论文、科技报告常见的格式,由前言、材料和方法、讨论和结果、结论组成,其中前言即引论,是提出问题;材料和方法、讨论和结果即本论,是对实验所得的数据等进行讨论,是分析问题;结论是对分析的总结,是解决问题。

议论文的本论,是文章的主要部分,是对引论提出的中心论点进行具体论证。而中心论点往往包含若干分论点,论证方法又多种多样,本论部分的层次安排,可根据各分论点之间的关系和论证方法而确定。主要有下面几种方法。

第一,并列式,即按中心论点所包含的若干分论点,将文章划分为若干层次,它们之间的关系是互相并列的,但都是围绕中心论点展开论证,为阐明主题服务。

杨振宁《对中国科技发展的几点想法》(《光明日报》1982年3月5日)一文,即采用这一方式结构文章。引论针对目前中国研究工作存在的两个极端:或太注意对原理的研究,或太注意对产品的研究,提出中国需要一个新的、效率高的发展性物理研究中心。这是全文的总论点。本论部分就四个方面进行具体分析:20世纪以来美国开展发展性研究取得的成绩,日本30年代以来工业起飞依靠发展性研究和成品研究,关于中国建立发展性物理研究中心的建议,美国工厂开展发展性研究成功的原因。上述四个分论点是对中国建立发展性研究中心必要性的论证。它们之间的关系互相并列,都是为阐明中心论点服务的。这类结构方式常用于可行性报告,论证课题的可行性。

第二,递进式,即按从现象到本质,或从原因到结果等事物内部联系来划分层次,各层次之间组成层层递进的关系。

李四光的《一个弯曲的砾石》(《地质力学方法论》),是一篇科学考察报告,对于阐明地质力学的理论曾起着重要作用。全文分为三层。

(1)从外形和层理看,砾石的弯曲发生在它形成之后。

(2)砾石发现于冰川的遗迹。

(3)砾石的变形是由于冰川流动前推作用形成的。

这三个层次是按从现象到本质的逻辑顺序排列的,是递进关系。理论性较强的报告,论文的结构多采用这一方式排列。

第三,复合式。某些科技文章,由于内容丰富、复杂,其结构不是只采用某一种形式，而是根据表达的需要，采用多种结构形式，融为一体，形成复合式结构。例如，在总分式结构的基础上，其中某一层次采用并列式或递进式结构。

采用复合式结构，可增强文章的广度和深度，适用于长篇论文的写作。

三、英语科技文体的概念

科技英语，顾名思义，就是描述科技内容的英语。作为一门独立的学科，它于20世纪中期首先在英国得以确立和发展，成为特殊用途英语的一个分支学科。一些学者20世纪90年代初期在美国研修时发现，美国人对科技英语这门学科仍很陌生，因为他们并不把科技英语明显地区别于其他用途的英语。但是，事实仍然是，到20世纪80年代的时候，在英国及一些西欧国家成立了科技英语研究中心，并且向世界扩展其影响。而在中国，科技英语作为一门独立学科的发展，是20世纪80年代以后的事情。[①]

科技英语演化成一门独立的学科有其必然性。随着世界科学技术的迅猛发展，卫星上了天，机器人得到开发和运用，生命科学研究也取得了长足的进展等。各国科技工作者越来越需要一种快捷方便的交际工具来传递最新科技信息和交流科研成果。因此，科技英语就应运而生了。

科技英语是在普通英语的基础上发展起来的。因此，无论在词汇方面，还是在语法方面它同基础英语没有绝对的界限。但是在语言发展的长期过程中，科技英语在文体、词汇和语言规律方面都逐渐形成了自己的特色。对这些明显的特色进行研究，肯定会对科技英语的阅读理解、写作与翻译提供某种启示，对科技英语的进一步发展肯定是很有意义的。

科技英语的文体，与普通英语和文学英语相比，既有共性也有差异。因为根据英国兰开斯特大学著名语言学家杰弗里·李切教授下的定义，文体是某个人在某一环境中为了某种目的而使用某种语言的方式。所

[①] 高永照，程勇. 科技英语的文体写作与翻译（修订版）[M]. 北京：学苑出版社，2001：3.

以,影响文体的因素是多方面的,或是地理环境的,或是社会背景的,或是讲话内容的,或是个人特点的,或是时间场合的。长期以来,对于文体的分析,各家各派历来说法不一。根据语言运用的范围,人们通常将其分为两大类:口语文体和书面文体。根据语言使用的正式程度,外国学者马丁·朱斯又提出了五种变体:刻板语体、正式语体、咨询语体、随便语体和亲昵语体。根据语言的基本功能,又可分类为:信息文体(包括科学专著、技术论文、商业文摘等),寄情文体(包括诗歌、小说、戏剧、电影等)和鼓动文体(包括广告、标语、口号等)。在理论上和实践中,还有人提出了日常会话文体、广告文体、新闻报道文体、圣经文体、法律文体、科技文体等。语言学家埃弗林·海切在《话语与语言教育》一书中指出,从修辞结构看,文体可分为:叙事体、描述体、程序体和议论体;从语言使用的场合看,文体可分为正式书面体和信息交流体。

因此,要确定和划分一篇话语的文体往往是很难的。这不仅是门户之见的障碍,而且更重要的是因为这些文体都是互相渗透的,一种文体中可能包含有另一种文体。例如,口语文体就可以包括随便文体和鼓动文体。

然而,从大量的科技英语文献资料的分析来看,科技英语作者运用语言的目的和风格主要体现为正式书面文体和信息交流文体。

四、英语科技文体的研究

英语科技文体研究旨在探讨科技语言在特定交际环境中的交际目的和功能,它的表达方式和实施程式,以及探讨它们之间与作者因素、主题信息因素的相互关系。通过研究,一方面发掘科技文体的普遍规律,另一方面寻找科技文体不同体裁的个体特征。

(一)语域分析

科技文体研究始于20世纪50年代的术语词源研究。20世纪50年代末,受结构主义的影响,以共时原则为指导,对现代科技语言的专业词汇已经做了研究。1962年,巴伯(C. L. Barder)发表了一篇重要文章,题为《现代科技文的一些显著特点》(*Some Measurable Characteristics of Modern Scientific Prose*)。他用频率分析法拉开了对科技文体进行语域分析的序幕。他以详尽的统计数据揭示了科技文体在句法结构、时态、语态、词汇等方面的特点,从而突破了单纯的词汇研究的框框,开始把科技文体的研究扩展到更高的层面。语域分析以数据和事实证明科技文体与 GE(普通英语)之间的区别:不仅仅在术语方面,而且在句法等多方面。直至 20 世纪 70 年代初期,国外科技文体研究仍集中在语法结构和词汇研究的范畴,有关教科书也是以科技文体中出现频率较高的语法现象和次技术词为编写重点。这一时期的科技文体研究的缺陷是:基本上停留在句子水平上,忽视了语篇功能及修辞功能。

(二)修辞及篇章分析

1972 年,约翰等人在美国 ETF 英语教学杂志上发表题为《语法与科技英语》(*Grammar and Technical English*)的文章,指出:文章的修辞及所传递的信息内容决定语法的选择。他们首次提出科技文体的修辞问题。此后,对科技文体篇章的修辞过程进行了研究,诸如如何定义、描写、分类、论证等。科技文体篇章修辞得到了当代修辞学的原则和方法的指导。

与此同时,篇章语言学的兴起把篇章分析引入科技文体研究,使科技文体研究重点开始由词和句子的平面转向篇章。这一时期的篇章分析主要围绕以下方面。[①]

(1)科技文体篇章特征及文体特征。
(2)科技文体篇章的社会背景及语境限定因素的分析。
(3)科技文体篇章构成模式和控制构成过程诸因素的分析。

(三)功能文体分析

科技文体的上述两个发展阶段,基本上处于语言的静态分析阶段或表层形式的分析阶段。

受功能语言学和语用学的影响,20 世纪 70 年代末 80 年代初,科技文体研究进入功能文体分析阶段,即动态分析阶段。在这一阶段中,一方面把语言看作是社会交际的工具,而不是可以孤立地进行考察的符号系统;另一方面,使语篇分析扩大到文体分析,进一步从功能意念的角度把握科技文体的文体特征。从交际需要出发,这一时期的科技文体研

---

① 刘小蓉,庞茜之,刘华.英语实用文体与翻译研究[M].长春:吉林大学出版社,2012:201.

究从书面语扩大到口语。这一时期的研究课题如下。

（1）各种功能意念的表达。

（2）科技文体篇章的接受与理解。

（3）企业生产管理过程中专家—外行对话中的语言问题。

（4）交际参与者之间的角色关系。

（5）英语科技文体惯用的语言形式与主题信息、修辞、功能意念之间的相互关系。

（四）体裁分析

斯维尔斯（Swales）认为：体裁是交际行为的形式，有其交际功能；交际目的是确定体裁的重要因素；交际目的和话题制约着语篇形式、内容及语言难度。一句话，有什么样的交际目的和交际功能，就有什么样的体裁。

英语科技文体，体中有体，形式多样。综观上述科技文体研究的各个阶段，其研究的语料主要来自两种体裁，即科普读物和比较浅显的科技论文（由于大部分研究者为语言工作者，对科技所知有限），而对科技人员常用或必用的其他体裁，如技术标准、专利说明书、实验报告、技术合同等不屑一顾。这就使得过去的文体研究不够全面，不能满足实际的交际需要，或者说未能反映科技文体的实际功能。

从20世纪90年代起，体裁分析进入英语科技文体的领域。诚然，这不仅仅是扩大体裁的问题。体裁分析的目标是从表层语言平面的研究转向深层语篇语义的功能解释。交际目的代表了体裁构造的典型规律。语篇形式（或体裁）和规约或多或少是由交际情境的类型决定的。例如，在科技文体中文摘是检索性的，这一交际目的制约着文摘语篇的构造必须简短扼要，主题必须"开门见山"，遣词造句必须练达。相反，专利说明书系法律文件，为了语意上的缜密周详，无可挑剔，语句可以冗长，词语多有重复，甚至读来佶屈聱牙也在所不顾。这就是交际目的需要，也是不同体裁的语篇功能所在。

（五）我国的英语科技文体研究

我国的研究始于20世纪70年代末，起步的头几年，侧重于引进。引进的内容系国外20世纪60年代至70年代初的研究成果和教材，即以科技文体语法结构和词汇特点为中心。随后，有不少学者走向结构研究的极端,热衷于本身并不独立存在的"科技英语语法"的研究。于是,20世纪80年代初、中期,形形色色的自编的科技英语语法著作充斥着我国书市。20世纪80年代中期,我国科技文体研究和教学开始引进以交际法和功能语言学为基础的各种功能意念的表达,同时又按篇章语言学的原理将篇章分析引入此项研究。20世纪80年代末,我国有以语篇平面为基础的英语科技文体的论著发表,开始与国际科技文体研究水平靠近。目前,我国的一些学者已开始对英语科技文体的不同体裁做体裁分析,以期进一步提高文体研究的水平。国内外的英语科技文体研究大致经历了词汇研究→语域分析→修辞及篇章分析→功能文体分析→体裁分析这样几个阶段。这里,后一个阶段不是对前一个阶段的否定,而是包含和发展。例如,词汇研究中的术语研究至今仍在进行,并且形成术语学的学科分支;语域分析仍是文体研究中的重要手段。诚然,静态的定量分析需在动态功能中加以考察与检验;修辞及篇章分析、功能文体分析也至关重要。[①]

第二节 英语科技文体的语言特征

一、英语科技文体的词汇特征

科技文体的词语从构成来讲具有如下特征。

(一)大量借用希腊和拉丁词素的派生词

科技英语词汇大多是使用源于拉丁语或希腊语中的词缀而构成的派生词,这些词缀与不同的词根组合在一起而构成无数新的词语。这是科技英语词语的一大特点。我们可以从词根和词缀的含义来判定词的语义。例如,derma- 的含义是"真皮,皮肤",-itis 的含义是"炎症",因此 dermatitis 这个词是"皮肤炎"的意思。在科技英语中由这类词构成的比例相当高,如果掌握了这些词缀的含义无疑有利于理解和记忆科技词语,从而达到扩大词汇量,增强阅读能力的目的。其他的例子如下。

---

① 方梦之.英语科技文体 范式与应用[M].上海:上海外语教育出版社,1998:35.

词缀		例词	
anti-	反对；抗	antimissile	反导弹
		antigen	[生物]抗原
auto-	自身；自动	autoantibody	自身抗体
		autocatalysis	自动催化
di-	二	dioxide	二氧化碳
		bimetal	双金属
hyper-	超越的，极度的	hypertension	高血压
		hyperthyroid	机能亢进的甲状腺
hypo-	在下；次	hypoderm	皮下
		hyponitrite	次硝酸盐
macro-	大；宏观	macrocosm	宏观世界
		macromolecule	大分子
micro-	极微小	microphone	扩音器
		microfossil	微化石
		microreader	微缩阅读器
poly-	多的	polyvinyl	多乙烯的
		polyhedron	多面体
photo-	光	photospher	[天文学]光球
		photometry	光度学
sub-	在下；次	subsoil	下层土
		subsystem	次系统
super-	超大	superjumbo	超大型喷气式客机
ultra-	极端；极度	ultrasonic	超声波的
		ultrahigh frequency	超高频率
-ics	学	dynamics	动力学
		genetics	遗传学
-cle	微小	particle	分子，微粒
-logy	学科	anthropology	人类学
		ecology	生态学

（二）使用缩略词

在现代英语中不断涌现大量的缩略词，尤其在科技文体中更为常见。缩略词的类型主要有以下几类。

1. 截断词

截断词指截取一个单词的某个或多个音节，精简词的长度，剪短音节。例如：

math → mathematics 数学
lab → laboratory 实验室
kilo → kilogram 千克
sync → synchrony 同步
phone → telephone 电话
sub → submarine 潜水艇

2. 首字母缩略词

它是由复合词语中的实词或全部词的首字母依次联合而形成的。

（1）首字母组合成的缩略词拼读成一个词。例如：

LASER → light amplification by stimulated emission of radiation 雷射
STOL → short take off and landing 飞机
SONET → synchronous optical network 光同步网
UNESCO → United Nations Educational Scientific and Cultural Organization 联合国教科文组织

（2）组成的缩略语保留原字母的分别读音。例如：

AMPS → advanced mobile phone system 高级移动电话系统
ATM → asynchronous transfer mode 异步传输模式
CPU → Central Processing Unit 中央处理器
GPS → Global Positioning System 全球定位系统
IBM → International Business Machine 国际商业机器（有限公司）
IC → Integrated Circuit 整合电路
ISP → Internet Service Provider 因特网服务提供者
IT → Information Technology 信息技术
LCD → Liquid Crystal Display 液晶显示器
UFO → Unidentified Flying Object 不明飞行物
WADA → World Anti-Doping Agency 世界反兴奋剂机构

WWW → World Wide Web 万维网

（三）使用拼缀词

拼缀词（Blending Words）大多数由两个词部分地截断而构成的新词，拼缀的方式采取前词和后词的不同组合构成。但是也有三个以上的词拼缀而成的词。这类词简洁并且包含大量的信息，因此在科技文体中日渐增多。例如：

biorhythm → biological + rhythm 生理节奏
compuser → computer + user 计算机用户
cremains → cremate + remains 骨灰
electrodelic → electron + psychedelic 电光幻觉
mechatronics → mechanical + electronic 机械电子学
medicare → medical + care 医疗保健
mog → smoke + fog 烟雾
knowbot → knowledge + robot 智能机器人
pictogram → picture + telegram 图像电讯
shoran → short + range + navigation 短程导航系统
telex → teletype + exchange 电传
transceiver → transmitter + receiver 收发机

（四）使用复合名词

科技英语词汇的一个显著特点是中心词前出现一个或几个名词作修饰语，这种名词性结构频繁出现在科技英语写作中，因为它以更加浓缩的方式简短和直接地传递信息。例如：

moonwalk 月球漫步
cell therapy 细胞疗法
digit communication system 数字通信系统
network information centre 网络信息中心
test tube baby 试管婴儿
water purification system 净水系统
metal oxide silicon transistor 氧化金属硅半导体
protocol handing input steam 协议处理输入码流

(五)使用具有语义特征的词

科技英语中有些词语看似日常英语词汇,但是往往在具体的语篇中就很令人费解,殊不知这里蕴含着隐喻。例如,像 eye 和 ear 这样的术语在科技英语中是"孔环"和"吊钩"的意思,如不加以注意,就会影响对篇章的正确理解。下面我们就科技词汇语义组成的隐喻特征从以下几个方面做一归类探讨。

1."字母 + 名词"中的隐喻

"字母 + 名词"是指英语大写字母(极少用小写)加上名词所构成的复合词。英语是拼音文字,字母就能充当喻体,与名词构成科技词汇。例如:

C-network C 形网络
I-bar 工字铁
M-roof M 形屋顶
M-wing M 形机翼

2.计算机英语单词的特征

计算机英语是科技英语的重要组成部分,随着国际通用计算机及 IT 行业中计算机的普及,熟练掌握计算机英语已成为必然。要学好这一学科,必须要掌握一定的词汇量,而弄清计算机英语中的词汇特色是解决词汇问题的关键所在。给普通的英语单词加以计算机科学的含义,于是旧词有了新释义。新义的词汇由于拼写不变,只是扩充了词义,所以方便人们标识,使用也容易。而且这类词汇在计算机英语中占的比较大。例如:

mouse(老鼠)→鼠标
memory(记忆)→内存
bus(公共汽车)→总线
driver(驾驶员)→驱动程序
display(陈列)→显示器
enter(进入)→回车
key(钥匙)→按键
Fire wall(火墙)→用于将子网与因特网其余部分相隔离,达到网络和信息安全效果的软件或硬件设施/防火墙。

二、英语科技文体的句法特征

（一）长句的特征

科技英语句子通常较长，从实例语篇的分析数字显示科技语篇中句子的长度比日常会话的句子要长。这是由于科技工作者在叙述一项实验过程，论证一个观点或解释某种现象时，总是力求明确、清楚、完整，因此对句中的某些成分需要用短语或从句加以修饰，这样一来，就使句子变得很长。较长的句子能够客观地反映作者非情感的思想，从而能够增加叙述的客观性，所以科技语篇中的长句大多数是陈述句。例如：

Thus dilution, by water, air or other media, which reduces the number of pathogenic bacteria taken into the body below the minimum number necessary to infect, explains why infections and particularly those entering by the respiratory tract, are less likely to be contracted in the open air than under conditions of overcrowding indoors.

将水、空气或其他解质用于稀释，可以使吸入体内的致病细菌的数量减少到能引起传染的最低值之下。这可以说明为什么传染病，尤其是那些经呼吸道而入的传染病其传染的可能性在户外比在人群拥挤的室内要小。

这是一个复合句，主语是 dilution，谓语是 explains，宾语是 why 引导的宾语从句。因句中有定语从句、现在分词短语、过去分词短语和形容词短语等修饰成分，使句子变得很长。

One of the most important things which the economic theories can contribute to tire management science is building analytical models which help in recognizing the structure of managerial problem, eliminating the minor details which might obstruct decision malting, and in concentrating on the main issues.

经济理论对于管理科学的最重要贡献之一，就是建立分析模型。这种模型有助于认识管理问题的构成，排除可能妨碍决策的次要因素，从而有助于集中精力去解决主要的问题。

句中的主语是 one，谓语是 is building，models 是宾语。句子出现的两个由 which 引导的定语从句使句子变长。

（二）被动句的特征

根据英国利兹大学 John Swales 的统计,科技英语中的谓语至少三分之一是被动句,可见被动句是科技文体的显著特征。章振邦(1983)认为如果主语是动作的承受者,动词便使用被动态(passive voice)。以被动态结构作谓语动词的句子或分句叫作被动句。科技文章侧重叙事推理,强调客观准确,其主要描述对象多是物质、现象及实验过程、生产过程等,被操作、被处置的对象往往是句中的主语。因此,科技文体中尽量使用第三人称叙述,采用被动语态。例如:

The metals in the list are arranged with the most active first and the least active last.

表中金属排列顺序是第一个最活跃,而最后一个最不活跃。

Some supplies of water must be treated so that they can be used.

某些水源必须予以处理,才能供使用。

Attention must be paid to the working temperature of the machine.

应当注意机器的工作温度。

Natural rubber is obtained from rubber trees as a white, milky liquid known as latex. This is treated with acid and dried, before being dispatched to countries all over the world.

天然橡胶一种叫作"乳胶"的白色乳状液体取自橡胶树。在运往世界各国之前,橡胶要经过酸处理和烘干。

由于在科技书刊中描述的都是事物、过程和现象等,即主语多为非人称的,这就比较适合使用被动语态,这在一定程度上可以提高科技文献的客观性。

（三）虚拟句的特征

科技工作者在研究、探讨某一课题或解释某种现象时,常常做出许多种假设。这些假设常常与事实相反或根本不可能实现,只不过是科学讨论中为阐明事理所虚构的一些条件、前提等,因此需用虚拟语气表达。另外,有不少作者为了表示自己的谦逊,为了谨慎和留有余地,也乐于采用虚拟语气而使口吻变得委婉使人易于接受。这种用虚拟语气表达的句子就是虚拟句。虚拟语气具有语气委婉和表达生动的特征。我们以下面三个科技英语虚拟句为例进行较为详细的功能分析。

Without friction there would be no brake.

没有摩擦,就不会有制动器。

These computers would be very large and bulky if vacuum tubes were used.

假如采用真空管,这些计算机就会又大又笨。

If we had known the basic principles, we should have controlled the process even better.

假如我们知道这些基本原理,我们早就能更好地控制这个过程了。

(四)分隔句的特征

一般情况下,句子中的一些相关成分应该放在一起。例如,主语与谓语、动词与宾语、定语和同位语与被修饰语等。但有时为了构造平衡句子的需要,而把某个成分提到前面,插在它们中间,这样就造成了句子成分分隔的现象。因此,在这类语言现象中,必定伴随着句子成分的颠倒。

科技英语由于句子长、修饰语、插入语较多,常常出现本应连在一起的两个成分被隔开的现象,比较常见的是定语从句与所修饰的名词或代词的割裂和由插入语引起的割裂。例如:

In recent years ways have been developed by which air can be safely used ever and over in space.

近年来,在太空中空气可以安全地反复使用的方法不断被发明出来。

During construction, problems often arise which require design changes.

在施工过程中,常会出现需要改变设计的问题。

以上两句话中,由 which 引导的定语从句分别与其所修饰的主语 ways 和 problems 被谓语隔开了。这是因修饰先行词的定语从句较长,故将谓语提前。在科技英语中,这种情况屡见不鲜,特别是在主句为被动态的句子中尤为常见。

Very wonderful changes in matter take place before our eyes every day to which we pay little attention.

我们几乎没有注意很奇异的物质变化每天都在眼前发生。

例句中定语从句 to which we pay little attention 修饰的是 changes,

被介词短语 in matter 和谓语部分分割开来。

以上例句都是为了保持句子结构的平衡、匀称而将定语从句与先行词隔开。

Electric charges, positive and negative, which are responsible for electrical force, can wipe one another out and disappear.

产生电场力的正负电荷会相互抵消掉。

此例则是由形容词短语将定语从句与先行词隔开：因为形容词短语比定语从句短而置前，使定语从句与先行词隔开。

Some metals, such as copper and silver, are called good conductors.

某些金属，如铜和银，都称为良导体。

The light from the moon, too, comes from the sun.

月光同样源于太阳。

从以上两例可以看出，为了充分、准确地表达思想而对句中某些成分加以说明或强调，需要借助插入语。所以，由插入语引起的句子成分割裂为数不少。

（五）祈使句的特征

科技英语中经常大量使用祈使句。使用祈使句最多的是设备操作、产品使用的说明书和其他一些指导性较强的文字材料。有些说明书除了介绍设备或产品性能、结构的文字外，其余部分基本上都是祈使句。在使用说明书、操作规程、作业指导、注意事项等科技文章中，更多使用祈使句以告诫、建议、劝告和命令用户或操作者的行动，以达到基本目的。下面是一种暖风机的使用说明。例如：

Don't locate against walls or behind drapes of furniture. Avoid direct contact with water. Keep combustible materials and power cords away from front of heater. Use power cords with current rating greater than 8 A. Use handle to move the heater. Send to appointed service station for repair.

不要靠墙放置，也不要放在布帘后面；避免接触水；不要让易燃品或电线对着出风口；请使用额定电流大于8A的电线；移动时请用提手需维修时，应送往指定维修点。

从例句中我们能够感觉到祈使句的使用加强了作者的命令语气，告知读者什么该做和什么不该做，从而起到了信息强调的功能。

三、英语科技文体的段落特征性

科技写作的专家们都一致认为,符合要求的段落必须具备三个特征,即统一性、完整性和黏着性。

(一)统一性

段落的统一性指段落中所有句子与主题句的紧密联系。整个段落,无论其长短,集中论述主题的某一方面,每一个句子的内容都与主题句的内容密切相关。如果陈述的内容中主题句包含了主题的亚单元,应另起段落。下面的段落摘自一科技文献,它具有良好的统一性。例如:

Large amounts of electric power are needed to run the pumps and compressors used in the gaseous diffusion process for the nation's uranium enrichment programs. The three diffusion plants would require about 7,800 megawatts of electricity to operate at their full capacity, or about three percent of total U. S. electric power generation. Primarily because of this large consumption of costly electricity, it is estimated that in the early 1990's the price the U. S. will have to charge for enrichment service will be uncompetitive in the world market.

段落的统一性将有力的主题句放置段首,确信段落的每一个句子都与主题句紧密联系。例证有助于加强主题句,但必须与主题确实相关;科技论题需要大量详细论据,因此必须提防偏移;只要细节确证主题,写作就会切题;一旦细节具有自己的特性,立即对细节加以控制并为其另起段落。

(二)完整性

段落的完整性指段落内具有充足的证据证实主题句或论证主题。缺乏完整性是段落划分经常出现的问题。检查段落完整性的简单方法是看读者是否会向作者提出有关主题的问题。作为作者,在每一段落都必须满足读者的所有期望。下面的段落摘自一系统工程文献,段落缺乏完整性。[①] 例如：

The concept of the systems approach is simple. Systems are complex products or processes. Whether something is a product or a process or both, if it is sufficiently large and complex, it may qualify as a system. In an oversimplified fashion, the approach of applying numerous, highly disparate enabling mechanisms to the creation of complex and large products or processes is what we call the systems approach. There are dozens of overlapping terms floating around to define systems, but we choose to define it as a large or complex product or process that relies on a number of enabling mechanisms to bring it into being.

该段落赘言多且重复，主题无进展，内容停留在同一事情上，段落未充分发展。

（三）黏着性

段落的粘着性指在段落范围内通过多种方式将句子连接起来。段落仅具备统一性和完整性仍不是令人满意的段落，因为段落的所有句子不仅要与主题相联系，句子之间也应以某种方式互相联系。英语的段落结构没有闪语的复杂对应组，因此英语的段落黏着通常用机械方法完成。最容易使用的手段有：过渡词和词组、代词照应、重复关键术语。

使用过渡词和词组是句子之间建立联系的基本方法。任何层次的写作，任何时候都可以使用过渡词和词组，可以用于句子内、句子间、段落间。

To add an idea: also, and, first, moreover, too, next, similarly, furthermore.

To show time: then, afterward, later, meanwhile, now, earlier, immediately, before, soon, finally.

[①] 刘心全.英语的科技文体与写作概论[M].武汉：中国地质大学出版社，1996：3-4.

第三节 英语科技文体的翻译原则与技巧

一、英语科技文体的翻译原则

(一)保持专业性

词的专业性是科技英语的最重要的特征之一。同一个词在不同的专业中可能有不同的译法,即使在同一专业有时译法也不一致。例如:

细粒(<8μm)沿着与衬底表面平行的方向逸散,粗粒(>15μm)的逸散方向与衬底呈大于45°的角度。

原 译:Small particles (<8μm) escaped along the parallel direction of the substrate surface while large particles (>15μm) escaped along the direction, the angle between which and the substrate was larger than 45°.

改 译:Small particles (<8μm) escaped along the parallel/direction of the substrate surface, while large particles (>15μm) along the angle of >45° with the surface.

句中,"与衬底表面的角度>45°"应译为 the angle of >45° with the surface。这一分句中谓语 escaped 承前可省。

(二)合理安排结构成分

合理安排结构成分,英译汉时要符合汉语的语言逻辑,汉译英时要符合英语的语言逻辑,结构成分常做合理调动。例如:

Our bodies are quite capable of dealing with harmful bacteria, as long as there are not too many of them, but when, owing to their numbers or our weakness, one kind gets a footing in our blood, we become ill.

只要有害细菌数量并不太大,我们的身体完全能够抵抗得住。但是如果细菌数量很大,或者我们身体虚弱,有一种细菌在血液里生衍,我们就要生病。

译文按汉语逻辑做了语序和多处文字调整。

二、英语科技文体的翻译技巧

(一)科技术语的翻译

随着社会的进步和科技的发展,新的发明创造不断涌现,随之也就出现了描述这些事物的新术语。在科技英语翻译中,我们常常碰到如何把这类术语译成适当的汉语的问题。通常,有以下约定俗成的方法。

1. 意译

意译就是对原词所表达的具体事物和概念进行仔细推敲,以准确译出该词的科学概念。这种译法最为普遍,在可能的情况下,科技术语应采用意译法。例如:

Videophone 电视电话
walkie-talkie 步话机
power roller 健腹轮
E-mail 电子邮件

2. 音译

音译就是根据英语单词的发音译成读音与原词大致相同的汉字。采用音译的科技术语主要有两类。

(1)计量单位的词。例如:
calorie 卡路里(热量单位)
hertz 赫兹(频率单位)
Lux 勒克司(照明单位)
maxwell 麦克斯韦(磁通量单位)
ohm 欧姆(电阻单位)
bit 比特(二进制信息单位)
baud 波特(发报速率单位)
joule 焦耳(功的单位)
(2)某些新发明的材料或产品的名称(尤其在起初时)。例如:
alfer 阿尔费尔(磁致伸缩材料)
mylar 迈勒(聚酯薄膜)
sonar 声纳(声波导航和测距设备)

vaseline 凡士林(石油冻)
micabond 米卡邦德(绝缘材料)

(二)词汇的词义确定与翻译

任何一种语言的词汇,乍一看都是一个个彼此独立的单词,但只要仔细一琢磨,就会发现它们是彼此联系的有机体。

要使科技翻译真正具有专业性、客观性和精确性,确定每个单词的词义是第一步,也是关键的一步。一般说来,科技词汇的词义可以通过以下五种方法来确定。

1. 通过题材决定词义

科技词汇沿用了大量的一般生活词汇。这些词汇具有一词多义和一词多类的特征,并且广泛地应用在各个不同的学科领域。想要准确地把握这些词汇的意义,首先必须弄清它们使用在什么专业里。做到了这一点,才不至于引起误会,或者"跑题"。这里所说的专业,实际上就是题材问题(subject matter)。

题材是决定词义的第一步。例如:
Tension is building up.
这句话,孤立地看,下面这几个翻译都是正确的。
(1)形势紧张起来。
(2)张力在增大。
(3)电压在增加。
(4)压力在增强。

之所以说这几个翻译都是正确的,是因为在此句中 tension 一词的背景题材不明。在一般生活中,它表示"紧张";用在力学中,表示"张力";用在电学中,表示"电压";在较早的英语中还用它来表示"蒸汽机的压力"。在这几个不同的领域,虽然 tension 一词的基本含义大致相同,它们的所指意义差别很大,因为张力、压力、电压都是完全不同的概念。如果不清楚翻译的题材是什么,很难确定 tension 一词的意思。英语中类似 tension 的词还很多,如 component, effect, element, mass, matter, solution, substance 等。所有这些都需要科技翻译工作者根据翻译的题材——确定。常言道"Words do not have meanings, people have meaning for words."(词本无义,义随人生),就是这个道理。相同的词,用来谈论不同的话题,意思是不一样的。

词汇的这种专业性特征一般大、中型英汉词典都予以了关注。常见的做法是在释义前标明该义项所属学科领域,如 [化]= 化学、[物] = 物理、[电] = 电学、[电子]= 电子学、[电视]= 电视技术、[电信]= 电信技术、[电影]= 电影技术等。这些标识一般出现在词典开头的"体例说明"或词典结尾的"附录"之中。

2. 通过句法决定词义

句法指的是句子的排列组合规则。一个句子表达的是一个相对完整的意思。一个词如果能在句子中充当一个合法的成分,说明它在这个句子中与其他词的意思是相容的。反过来说,如果我们知道这个句子的结构,要确定句子中某个词的意思也就容易多了,因为我们知道了这个词与其他词的关系。例如,英语的 contract 一词有 20 多个意思,分别相当于汉语的"合同、契约、订婚、缩略词、包工、订合同、限制、染病"等,但是在下面这些句子中,contract 一词的意思还是比较容易确定,因为我们知道它与句中其他词的关系。

As a general rule, a body will expand when heated and contract when cooled.

一般说来,物体热胀冷缩。(contract 与 expand 并列,为不及物动词)

She's contracted skin cancer.

她患了皮肤癌。(contract 为及物动词)

She's contracted to a wealthy man.

她与一位富有的男子订了婚。(contract 为不及物动词,与 to 连用)

They contracted to the project until 1997.

他们与该项目的合同一直持续到 1997 年。(contract 为不及物动词,与 to 连用)

They got a heavy fine due to the breach of the contract.

由于违反了合同,他们受到了巨额罚款。(contract 为名词)

这里有一点需要说明的是,句子结构有表层和深层两种。从句子结构确定词义,既包括表层结构更包括深层结构,因为深层结构决定着句子各成分间的逻辑关系,依照其逻辑关系确定的词义比依照表层结构确定的词义更为可靠。

3. 通过词语搭配决定词义

词语搭配指的是句子成分内部词与词的搭配使用,如名词词组内部中心词(名词)与其修饰语(定语)的搭配、动词词组内部动词与其宾语或状语的搭配等。根据上面谈到的语义相容的特性,使用在一起的词在语义上是相容的。因此,当我们确定了其中的一个词义之后,我们就可以根据这个词的意思来确定与之搭配使用的另一个词的意思。例如,在 fine yarn 这个名词词组中,当我们知道了 yarn 这个词的意思是"纱、纱锭",我们就能够比较容易地确定 fine 这个词的确切意思是"细",从而将 fine yarn 这个词组译成"细纱"。同样的道理,在下面的几个词组中,我们也可以根据名词词组中心词的不同意思来确定 fine 这个词的不同意义,并给出恰当的汉语翻译。例如:

fine tuning(fine 表示 tuning 的范围)＝微调
fine vacuum(fine 表示 vacuum 的程度)＝高真空
fine copper(fine 表示 copper 的纯度)＝纯铜

值得注意的是,只有当词语搭配与语法结构相结合的时候,一个词的意思才能更为精确地确定下来。还是以名词词组为例。在名词词组中,除了形容词之外,还有名词、分词等可以用作中心词的修饰语。这些词在用作定语的时候,它们的意思与形容词不同,哪怕它们是源于同一个词。试比较下列几组词的差别:

different sensitivity 不同的灵敏度
difference sensitivity 听觉锐度
economic measure 经济措施
economy measure 节约措施
obese specialist 肥胖的专家
obesity specialist 肥胖病专家

4. 通过语义场决定词义

语义场是德国语言学家 J. Trier 提出的有关词汇语义关联的理论,其核心是探讨词语的类概念和种概念之间的关系。代表类概念的是上义词,代表种概念的是下义词。根据语义场的理论,词可以在一个共同概念的支配下形成一个语义场。这个共同的类概念由上义词来表示。上义词支配着这个语义场中的其他词——下义词。上义词和下义词一起构成一个金字塔结构。塔顶是上义词,底端是下义词。

要想准确地判断一个词的词义,就必须准确地判断该词在语义场中的位置。如果发生偏差,翻译就不会准确。

5. 通过语义特征决定词义

根据现代语义学理论,一个词的意义可以概括为若干语义特征的集合。例如,man 一词就是 animate（有生命的）,human（人类）,adult（成年）,male（雄性）等的集合体。与 woman 一词相比,它除了 male 的特征不同之外（woman 一词的这个语义特征是 [female]）,它的其他的语义特征与 woman 的完全一样。知道了这个区别性特征,我们就能十分容易地区别 man 与 woman。在科技翻译中,尤其是在英译汉的时候,许多难以确定其具体意义的词,大多可以用这种方法加以区别。例如,在"这种材料具有高强度。(This material has a high strength.)"这一句话中,"强度"除了 strength 以外,在英语中还有好几个其他对等词,如 hardness, toughness 等。它们共同的语义特征是"坚硬、耐磨损"。但是 hardness 有"不易弯曲", toughness 有"性格倔强"等区别性特征,因此 strength 一词用在这里比较恰当。

以上是我们常常用来决定词义的五条途径。从分析中我们看到,这五条途径从大到小,一个包含着一个,使我们对词义的理解越来越精确。在具体的翻译中,也许我们并不是严格按照这种从大到小的方法去理解词义,但是当我们遇到困难的时候,这五条途径无疑会给我们很大的帮助。

(三) 句子的翻译

句子的翻译与词的翻译一样,也分为直译与意译。虽然科技翻译比较注重直译,但意译仍是重要手段。意译要求摆脱原文表层结构的束缚,根据句子的深层结构,用译语恰当的表层结构再现原文的思想。例如:

Precautions are necessary to prevent it from burning.
必须注意不要让它烧着。

从上例看到,译文在结构上改动较大。在译文中原文的主语 precautions 成了谓语,表语 necessary 成了修饰谓语的状语;原文修饰 precautions 的定语 to prevent it from burning 成了"注意"的宾语;原文的"肯定"说法 prevent 成了否定说法"不要让……",如果不进行这样的调整,直译成"防止它燃烧的预防措施是必要的",也不是不可以,但与意译相比就显得过于"欧化"。

意译时,必须对原文的表层结构进行扩展、缩合、增词、省略、转换等处理。下面根据科技英语的句法特征,叙述这些具体方法的运用。

1. 名词词组的译法

此处仅谈复合名词词组(Complex NP)的译法。复合名词词组的附加部分是它的定语,译成汉语时通常放在所修饰的名词前,即译成"……的+(名词)"结构。但有时也根据词组各部分间的语义关系和汉语习惯进行扩展与转换。例如:

Our eye is sensitive only to narrow range of wave lengths between 0.4 and 0.7 microns.

我们的眼睛只能感受到 0.4—0.7μm 狭窄范围之内的波长。

这里的复合名词词组不能译成"波长在 0.4—0.7μm 之间的狭窄范围",因为"……眼睛……感受……范围"在语义上不如"眼睛……感受……范围内的物体"搭配合理。从表层结构上看,这里的 narrow range of 相当于一个限定词,它所限定的词是 of 后面的名词。这种限定词的功能与汉语的量词相当。英语中这样的词很多,翻译时要注意。例如:

a beam of ordinary light

一束普通光

a large amount of heat energy

大量热能

但是,这里冠词的改变,也会引起意思变化。例如:

the number of reasons

理由的条数

the amount of heat

热能(的)量

the degree of similarity

相似的程度

当中心词是抽象名词或由动词转变来的名词时,复合名词词组的处理还应注意要适当增词。例如:

Although aluminum has a great affinity for oxygen, its corrosion-resistance is relatively high.

铝对氧虽然有很大的亲和力,但其抗腐蚀性能较强。

A military participant in the nuclear winter symposium challenged people to show him "a sensible military use of a nuclear weapon".

一位参加核动力研讨会的军方人士向人们提出挑战,要他们向他提供"一个核武器合理军事用途的证据"。

复合名词词组结构繁简不一,翻译技巧也会各不相同。例如:

A general description is given of water supply system now under construction in the area east of Toulon comprising pipes between 450mm and 1,250mm in diameter totaling a length of approximately 30km operating at pressure of 20—30 bars over two-thirds of their run.

在遇到这种复杂的结构时,首先应该弄清各成分间的句法关系,然后根据汉语习惯,按语义恰当地译出。例如,本文对土伦东部正在建设的供水系统做了一般的介绍。该系统是由直径450—1250mm的水管组成,总长近30km,其流程2/3以上的工作压力为20—30Pa。

2. 动词词组的译法

动词词组是英语句子的核心,涉及词形变化、句型转换、语词搭配等多方面的问题。此处我们将讨论几个与科技翻译关系较为密切的问题。

(1)增词与时态的翻译

英语的动词常以词形的变化来表示动作发生的时间或所处的状态,但汉语只加助词,即"着、了、过"来表示动作所处的状态,而表示时间却依靠词汇手段,因此必须将英语动词的语法意义用恰当的词汇手段表示出来。例如:

此项工程上月已经完成了。

The project was completed last month.

此处若译成 had been completed 则是错误的,因为英语的过去完成时是一个相对时态,表示的是"过去的过去"。同样,英语的现在完成时也并非等于汉语的"已经"。

英语动词虚拟语气的问题在科技英语中同样存在,即表示是"可能性"低,而不是一般英语中的"不可能"或"与事实相反"。"If I were you, I would..."的真正含义是:"我不是你,所以我不能……"。但在科技英语中,情况则不同。翻译成汉语时,不存在英语中"不可能"之意。

(2)转换与被动语态的翻译

前面曾提到,主动语态和被动语态语义关系相同。因此,在英汉互译中,需要解决的主要就是两种语言表层结构的转换问题。英语的被动语态在译成汉语时有四种可以借鉴的表层结构:正规被动句、当然被动句、无主句和判断句,下面介绍前两种。

①正规被动句。通常是由介词"被、叫、让、受、为"等引导的被动结构。例如:

Coal is being used in greater and greater amounts to produce electricity.

越来越多的煤正在被用来发电。

In the 16 months since the first graft, the ersatz skin has not been rejected by any of the patients.

第一次植皮后的16个月内,人造皮肤在每个病人身上都没有受到排斥。

They are entirely controlled by instinct.

他们完全受本能的控制。

②当然被动句。汉语动词的语态在很大程度上取决于句子的深层结构,而不在于表层结构。表层结构的主谓关系,可以表达深层结构中的动作——受事关系。例如:

The project has been completed.

那个工程已经竣工。

这种当然被动句在英汉翻译,特别是科技翻译中经常用到。它是避免在汉语译文中过多使用正规被动结构的手段。

Such methods are called optimization technique, or algorithms.

这些方法通常称为最优化技术或最优化算法。

A magnifying lens, which is also known as a convex, is thicker in the middle than at edges.

放大镜,又叫凸透镜,它的中央比边缘厚。

A convex lens can be used to concentrate the sun's ray and thus burn a hole in a piece of paper.

凸透镜可以用来聚集太阳光,将一张纸片烧穿一个洞。

[内容小结]

英语科技文体属于实用文体的一项重要内容,而英语科技翻译在我国的科技交流活动中起着非常重要的作用。本章以科技文体的结构、概念与研究作为切入点,探讨科技文体的基础知识;进而从词汇、句法、段落等层面研究英语科技文体的语言特征;最后分析英语科技文体的翻译原则与技巧,其中列举了具体的翻译实例,便于学习者解读。

[翻译练习]

Debate on Mainframes

Is the mainframe an endangered species? Information systems opinions range from "not yet" to "not any more". Those who believe in the latter wryly suggest that mainframes are digital dinosaurs already removed from the imperiled technologies list by extinction.

Those most loyal to large systems say there remains a legitimate role for the mainframe in core business applications with large transaction volumes or huge throughput needs. They contend that net worked small, systems offerings can't yet be scaled up to fill this role as reliably or as cost effectively. Mainframe advocates say it makes no sense to buy, train and harness a dozen sled dogs to pull their load when they already do it with a single horse—a proven work—horse that is paid for.

"But you are beating a dead horse", say others who have hitched their IS wagons to newer, more vibrant technologies. "You're living in an expensive, archaic, dead-end past. Whatever we spend on our so-called sled dogs is an investment in the future. It's a future of open operating systems, scalable architectures, interoperability, portable applications and robust development tools."

Most companies steer a middle course. By minimizing investments in new MVS applications, they have essentially disconnected the mainframe's life support system. Their strategy is to let the big boxes expire naturally as applications become outmoded and are replaced with more modern technology.

Now that's changing. As IBM and other vendors release scalable mainframes with parallel processing architectures based on CMOS technology, large companies have a fresh alternative. These systems offer capacity beyond that of the largest mainframes and should be cost competitive with smaller servers attempting to scale up to comparable performance.

The biggest news, though, is next year's release of an open systems version of MVS. It will offer mainframe users the interoperability that makes Unix and Microsoft's Windows NT such compelling alternatives while retaining the reliability and manageability necessary for large-scale, mission-critical applications. Will this makeover produce the survival traits mainframes need to function cooperatively in environments far different from the they once dominated? Can we learn to view mainframes as simply the largest scale of server in a multitiered network architecture? Even if an open version of MVS renders the mainframe receptive to the give and take of the client/server world, other technical issues must be solved before it can assume full citizenship.

In deciding the fate of the mainframe, the only relevant issue should be whether it represents the most appropriate technology answer for a certain class of business information needs. And for those who need its capabilities, there is arguably more reason to consider the mainframe today than at any time since we've had a choice of platforms.

[参考译文]

大型机研究

大型机是否濒临被淘汰的危险？信息系统的人士意见不一，有的说"尚未"，有的说"不再"。相信后者的人错误地认为，大型机是已从濒临灭绝的技术名单中删除了的数字恐龙。

那些对大型系统最拥护的人说，在有大量交易和巨大数据处理需求的重要业务应用中，大型机仍旧正常地发挥着作用。他们认为联网的小系统机还不能上升到像大型机那样可靠地和成本有效地发挥作用。大型机的拥护者称，当已经用一匹马拉货，而且业已证明付给这些马的代价是值得时，再去购买、训练和使用十几条雪橇狗去拉货是没有意义的。

其他的已经将其信息系统转到更新更具活力的技术上的人却说："那是在鞭打一匹死马,是在靠着往昔昂贵的、陈旧的、死路一条的东西过日子。我们为雪橇狗所花的一切都是对未来的投资。而未来是开放式操作系统、可扩缩的体系结构、互用能力、可移植的应用软件以及强有力的开发工具。"

多数公司走的是中间道路。他们把对新的多功能存储器应用程序的投资减少到最低限度,基本上切断了大型机的寿命保障系统。他们的策略是随着应用软件变得陈旧而为更现代的技术所替代,让大型机自然消亡。

现在情况正在发生变化。由于国际商业机器公司和其他公司向市场推出了可扩缩大型机,这些大型机是以互补金属氧化物半导体技术为基础且具有并行处理体系结构,大公司就有了一种新的抉择。这些系统提供的能力远远超过最大的大型机,而且与开始连在一起提供差不多一样性能的较小服务器相比,也具有成本竞争力。

可是,最重要的新闻是明年将推出的多虚拟存储器的开放系统版本。这种新版本将给大型机用户提供互用能力,从而使通用互式多时操作系统和微软窗口网络终端成为颇富竞争力的抉择。同时,新版本保留着大规模关键任务的应用程序所必需的可靠性和可管理性。这种更新能否产生大型机所需要的生存特性,以使其在远不同于它曾经主宰过的环境中与其他机型协调工作?我们能否学会在多层网络体系结构中把大型机只看作是最大型的服务器?即使多虚拟存储器的开放版本使得大型机在客户机/服务器世界中具有平等交换的能力,在它有资格成为该世界的正式成员之前,还有其他的技术问题必须解决。

在决定大型机命运时,唯一相关的问题应该是它是否代表了对某类业务信息需求最合适的技术答案。对那些需要其能力的人来说,今天比任何时候更有理由考虑采用大型机,因为平台已经是可以选择的了。

第八章　英语文学文体翻译

[本章要点]

　　文学采用艺术化的形式对语言进行加工创作,刻画多种文学形象,追溯历史、剖析现实,展现人与人之间错综复杂的爱恨纠葛,描摹自然界的万千景观,谈理想、抒情怀、论古今……读者通过各种翻译佳作,一览各地人文景象,在文学形象中寻找自己的影子,在无声的浸润中,产生美的享受。因此,本章就来学习英语文学文体翻译。

[学习目标]

　　(1)对文学文体的基本内容有一个总体了解。
　　(2)充分认识和把握英语文学文体的语言特征。
　　(3)掌握英语文学文体的翻译原则与方法。
　　(4)能够熟练进行文学文体翻译实践。

第一节　文学文体概述

一、文学

　　文学是创造性的,是一种艺术。具体来说,文学文体包含四类。[①]
　　(1)小说。小说这种文学体裁的出现,无论在中国还是在欧洲,都是随着人类现代意识的出现而得以酝酿、生发的。中国宋代的白话话本,欧洲文艺复兴后的散文体传说、故事,就是人类由近古社会向近代

---

① 裴显生,刘海涛,戴冠青,祝德纯,王林发,邓晓成,刘天平.文学写作教程(第2版)[M].北京:高等教育出版社,2015:1.

文明转型时期的小说化言说的表征。东西方的小说,在初始阶段都是流行于民间的"下里巴人"之作。是民间的文学消费市场促进了小说的发展,其不断吸引仕途无望的文士墨客或官场失意的才子们加盟其中。手抄本的流行,推动了印刷产业的发展,又导致刊刻版本的校勘与编辑、评点小说之出版家、评论家问世。小说最终由地摊文学上升为现当代文学的主导文体,建立了它文坛主角的显赫地位。

（2）诗歌。在各种文学体裁中,诗歌可以说是最为古老的一种,它几乎与人类语言一同产生。人类早期的诗歌是与音乐、舞蹈三位一体、密不可分的。随着历史的发展,诗歌逐渐从混合型的状态中独立出来,但仍保留着其他艺术的精髓,正如黑格尔所说:诗,语言的艺术,是第三种艺术,是把造型艺术和音乐这两个极端,在一个更高的阶段上,在精神内在领域本身里,结合于它本身所形成的统一整体。黑格尔在给诗歌做简明定义的同时,既强调了它对音乐和造型艺术(舞蹈、雕塑等)的综合,还强调了它是比音乐和舞蹈更高级的艺术形式。

（3）散文。散文是一种可以充分利用各种题材,创造性地运用各种文学表现手段,自由地展现主体个性风格,以抒情写意、广泛地反映社会生活为主要目的文学文体。散文写作首先要确认和追求的就是由情感和立意构成的一种艺术境界,其次是散文的文本构成艺术和表情达意的各种表现技巧。在所有文学文体中,散文是我们最熟悉而又最陌生的文体。

（4）戏剧是为戏剧表演而创作的剧本。

二、文学语言

（一）形象性

文学语言的一个显著特点就是它的形象性。文学作品尽量使用各种语言手段来塑造鲜明生动的形象,帮助读者进行形象化的思维,以达到表情达意的目的。

（二）抒情性

在文学作品中,作者为了达到渲染的效果,会使语言具有浓烈的抒情性。根据情况,适当地运用抒情性的语言,能大大提高作品的感染力。

第八章　英语文学文体翻译

（三）含蓄性

有些文学作品中作者往往不把意思明白地说出，而是尽量留有余地，引导读者去想象，去思考，去寻找结论。含蓄性也是文学语言中的一个显著特点。翻译时应尽量保持原文的含蓄美。但是由于英汉语言的差异，有时不得不把原文所暗含的内容直接地表达出来。

（四）象征性

象征是用某一种具体事物来表示某种抽象的意义。例如，人们常常用玫瑰来象征爱情。象征是一种重要的表现手法，在文学作品中经常被使用。它不仅简练、具体，给人以感觉得到的形象，还能深化含义，表达出微妙的、深刻的思想情感。翻译时，要运用相应的象征手法，以传达原文的意义。

（五）幽默性

幽默是文学作品用以吸引读者眼球，促进读者理解和接受作品情感、观点的一种有效方法。

（六）讽刺性

讽刺性在文学作品中经常出现，其目的在于揭露一种社会现象，批判一些社会习惯。运用讽刺可以使文字更加生动有活力，使主题得到深化，从而给读者留下深刻的印象。

（七）韵律感

文学作品的语言不仅有内容美，而且也具有形式美。这种美主要体现在语言的韵律和节奏上。诗歌对韵律有着严格的要求，是最具韵律美的文学文体。一些散文作品中的强烈节奏感也会使读者对语言表达的意义留下深刻的印象。

第二节　英语文学文体的语言特征

本章主要关注语言与文学的紧密联系,即文学文体学(literary stylistics),其研究焦点是与文学文体相关联的语言特征。

一、前景化和语法形式

请看下面的例子。两个例子都描述了美国城市内部的衰颓。例子出自《观察报》(1995年11月29日刊)。

(1) The 1960 dream of high rise living soon tuned into a nightmare.

1960年生活高速增长的梦想很快就变成了一场噩梦。

从单词的排列形式看,这个句子在语法上没有任何与众不同或"偏离"。然而。在下面摘选的诗句中,语法结构却似乎很有挑战性,并且对我们的解释过程提出了更多的要求。

(2) Four stores have no windows left to smash.

四层楼没有窗户可以打碎。

But in the fifth a chipped sill buttresses.

但是第五层一个破碎的窗台支撑着。

Mother and daughter the last mistresses.

母女也是最后的主人。

Of that black block condemned to stand, not crash.

那尚存未毁的黑色楼房。

诗句的第二行以 But in the fifth 开头,其与常规用法不同之处,在于句子的谓语由一系列嵌入成分组成。如果将它们用完整形式写出来,就能看出这一点:"A chipped sill buttresses mother and daughter who are the last mistresses of that black block which is condemned to stand, not crash."(一个破碎的窗台支撑着母亲和女儿。她们是那个无法居住的尚未坠毁的黑色楼房的女主人。)

二、字面语言和比喻语言

词典定义中所提供的一个词的第一个意义通常是它的字面意义。例如,"树"一词的字面意义是指"一株大的植物"。然而,在谱系树的语境下开始谈论一棵树时,它就不再是字面意义的"树",而是一棵具有比喻意义的"树"。"树"一词的基本用法是指有皮有枯有叶的生物体。谱系树也同时具有上述属性中的一部分:从构图上看家族的平面图和树的图像看起来相似,而且某种程度上,双方都是一个有机生长的过程,因此我们使用同一个词表达它们。但是当我们用这个词指植物时,是用它的字面意义,而用它来描述谱系时,则是比喻意义。

短语 as cold as ice(冷得像一块冰)就是一个普通的明喻;coldness(冷)这一概念被表现为一种实际的、具体的事物。as(像)一词就标志着这个比喻是明喻。

为了表达情感,诗人邀请读者一起去感受其爱人所拥有的一些如玫瑰般的特征,如美丽、清新、芬芳、脱俗,以及珍贵。

暗喻(metaphor),把一个事物的特性转移到另一个事物的过程,在"暗喻"中同样有效。但是二者有形式上的差异,即在暗喻里诸如 like 或 as(像、好像、好似、如)一类的词并不出现。

The world is like a stage.(明喻)
All the world's a stage.(暗喻)

例如,hands(手)在"They were short of hands at harvest time."(他们在收获季节缺乏人手。)这个句子里是指工人、劳动者或帮手。有些语言学家认为我们对世界和自身的诸多认识都是由语言的比喻用法所塑造的。

第三节 英语文学文体的翻译原则与技巧

一、英语文学文体的翻译原则

(一)接受者效果

在接受美学的影响下产生了接受者效果论。接受美学一般认为:

作品中体现着作品的审美内涵,接受者的审美反应能够表现接受美学的效果,因此接受者的个人因素能够对作品的接受产生影响。作品与接受者的潜力是双方沟通的基础,作者与接受者所提供的审美信息并不总是相同的,也会有存在差异的情况。这种差异就是由于作者与接受者有不同的审美经验和语言经验造成的,如果二者并不能很好地进行沟通,就会产生一定的隔阂,如出现作者使接受信息与传递信息完全对等,或者接受者使信息出现增值或减值的状况等。[1]

译者的接受目的、修辞情境及个人因素对译文的影响。这三个方面体现出翻译过程中的译者心理,反映出对译文的影响。它直接影响母语的应用特点。有的译文具有浓浓的诗味,有的译文含有深刻的哲思,这是译者语言功底和文学修养的反映。

(二)视野融合

"视野"指的是由知识和经验构成的理解范围。从阐释学的视角出发,原文有着固定的结构形式和思想内容,这是由于作者自身有其特定的知识经验和翻译经验,所以原文常带有作者本身的特质。译者在进行翻译时,必须要处在原文的限定范围之内,避免不足阐释或者过度阐释。受到"视野"的影响,翻译工作不再是单纯理解、机械转换的过程,而是一个能够充分发挥主观能动性的、积极的再创作的过程。

在上述理论的基础上对翻译进行探讨,翻译的首要工作是对原文进行理解,但也要符合原文所划定的范围要求,在原文中加入自己的知识视野,根据原文的描述结合自身间接经验,将形象记忆与情绪记忆相结合。换句话说,翻译者受到特定成长环境和文化背景的熏染,形成了自己的语言系统,在翻译作品时,常常将一定的生活经验、思想情感、知识信息等带入原文。所以,翻译工作实际上就是一个再创作的过程,翻译工作者要依靠自身语言能力、理解力、想象力、共情能力,不断体悟作品的意境与挖掘作品背后价值,形成一个新的艺术作品。

根据上述内容,理解并不是将自己原有视野全都打破之后,进入一个全新的原作的视野中,也不是只考虑自己视野忽略原作视野。理解需要翻译工作者从自身已有视野的基础上不断进行拓展,与原作的视野不断融合,形成一个全新的视野。这种涵盖了作者与翻译者共同视野的理

---

[1] 赵秀明,赵张进.英美散文研究与翻译[M].长春:吉林大学出版社,2010:20.

解也是双方审美经验的总结,在接受美学中称之为"视野融合"。经过"视野融合"的翻译作品,既是将原文形式与内容进行重现,也带入了翻译工作者经验、情感,因此译文原作者与翻译者创作的融合。

二、英语文学文体的翻译技巧

(一)诗歌的翻译

1. 诗歌翻译的审美标准

诗歌翻译由于其独特丰富的审美特性,也就相应地存在更多复杂甚至艰难的美学要求。但正如许均教授所说:做文学翻译,不能对原作之美熟视无睹,翻译失却了原作之美,无异于断其生命;做文学翻译理论研究,不能不对美学有所关注,忽视了美学,文学翻译研究至少是不完美的。故此,笔者不揣浅陋,根据个人理解,试提出诗歌翻译应该遵循的审美要求,以求教于译界方家、同仁。[①]

(1) 形义兼求"信"美

准确和通顺都是要求翻译作品至少要忠实于原作。但是,具体到诗歌翻译来说,忠实于原作的要求,应该还要包括相对于其他文体更为强调形式对等的美学概念。

为了照顾形式的偶然性超、减码,其害处也并非那么可怕。中国古文中不是也经常有为照顾双音词习惯而添加的无义虚词吗?我们读起来不是感到更顺口吗?故此,我认为因照顾形式而必要的超、减码是否有害,关键在于看是否因此损害了原文,包括内容、意象、境界、神韵等,不必一概抹杀。

格律派译诗其实讲究的也就是对格律体诗歌应尊重形式,一并照译。这种格律体照译也并非要像20世纪初少数学者以中国古体诗形式译外文诗那样生搬硬套,而是在对应译文中尽量采用"自创"的类似格律形式。这方面有卞之琳先生"把英语格律诗译成汉语白话格律诗"的实践为反证,其译派基于只有尽可能相似地模拟原诗的形式,才能较为圆满地传达原诗的内容的理论正可作为"把汉语旧体格律诗译成英语格律诗"的一个类比。

---

① 王芳.文化传播美学与诗歌翻译[M].成都:电子科技大学出版社,2009:83.

（2）意象传达靠"造境"

一首好诗乃至一首好的译诗所必须具备的一大因素，就是意象的完美传达。这当然也是译诗的一个艰难的、较高的要求，就中国传统旧体诗和西方现代派诗歌的翻译来说，意象的传达就更加重要。从某种角度说，原诗中意象是否能够得到较完美地传达在很大程度上决定了译诗是否成功。因为形、音、义虽全，只能说译作像诗，或最多是诗，而不能表明其艺术水准和独到之处。从艺术创造的美学价值上说，中国传统旧体诗依靠"造境"而产生的意象美正是其要旨所在，因此更应尽力予以传达。

但如果仅仅做好形式、内容、文字、音韵格律翻译，还只能算是合格之作。译者应该要从该民族文化氛围的总体出发去理解原作的寓意及效果，翻译时又要注意保持译文中的意象与原作的整个文化氛围和民族特色相一致，还需和原文的文体效果相一致。唯有在此基础上，把诗歌的意象美完整而恰当地传达出来，才能基本算是成功的译诗。

以上所述，是笔者认为诗歌翻译应该遵循的较规范、全面的审美要求。其间，更多关注的是语义信息之外的外部信息，如音韵、节奏、风格、意境等信息，因为外部信息往往体现了一种语言的特色，而成为美学信息的载体。在文学翻译中，外部信息是不可忽视的信息。虽然从美学角度对诗歌翻译提出的这些要求，有眼高手低、求全责备之嫌，但正如厨师与食客的关系，有人提出一点要求和希望总是一种关注和动力。

2. 诗歌翻译的方法

（1）阐释性翻译

阐释性翻译是一种通俗易懂的、面向大部分读者的翻译方式。通常来说，这种文学翻译形式具有较大的教学价值，在翻译的过程中尽可能地保留原诗的形式特点，才能更好地体现原诗的音韵美与意境美。例如：

Ode to The West Wind (excerpt)
— Percy Bysshe Shelley

Thine azure sister of the Spring shall blow
Her clarion o'er the dreaming earth, and fill
(Driving sweet buds like flocks to feed in air)
With living hues and odors plain and hill:
Wild Spirit, which art moving everywhere;

Destroyer and preserver; hear, oh, hear!

西风颂（节选）

——珀西比希·雪莱

你那青色的东风妹妹回来，
为沉睡的大地吹响银号，
驱使羊群般的蓓蕾把大气猛喝，
就吹出遍野嫩色，处处香飘。
狂野的精灵！你吹遍了大地山河，
破坏者，保护者，听吧——听我的歌！

（王佐良译）

（2）形式翻译

形式翻译指的是按照原文的形式对原文进行翻译，与直译在某种程度上有很大的相似之处。为了充分发挥译文的翻译价值，译者有时会直接照搬原文形式，这样可以减少其他成分对文章内容的干扰，如政治、社会、历史等因素。虽然这种翻译方式看起来较为死板，但在翻译一些具有特殊形式的文章时显得十分受用。相同格式能够保障与原文内容进行呼应，从而达到深化诗歌主题的目的。例如：

40-LOVE

——Roger McGough

middle aged
couple playing
tennis
when the
game ends
and they
go home
the net
will still
be between them

四十岁的爱

——罗杰·麦克高夫

中　　年
夫　　妇

```
打  网
球  打
完  球
回  家
走  回
到  家
中  这
网  依
旧  把
人  分
左  右
```

（许渊冲译）

在翻译此诗之前,译者有必要先了解一下原诗的特点:①诗文分左右两列排列,中间好像隔了一张网,这与诗的内容(夫妻双方打网球)相符;②诗中所用词汇基本都是单音节词,读起来十分单调、乏味,也像极了这对夫妇枯燥地干活;③诗中两个关键词 tennis 和 between 是拆开来写的,分列左右两边,暗示了夫妻之间已经产生了隔阂,这与原诗形式及内容都十分贴切。基于原诗的这些特点,许渊冲先生采用了形式翻译法,以保证译文产生相同的效果,特别是将"夫妇""左右"拆开分列的处理,更将原诗的意图忠实地重现了出来。但是,形式翻译法是一种比较极端的直译,不能用于所有形式特殊的英语诗歌,实际使用时应慎重。

(3) 调整翻译

调整翻译在直译的基础上对译文结构进行调整,使译文在内容和形式上尽可能符合翻译的表达习惯,这是一种介于形式翻译与阐释性翻译之间的翻译形式。例如:

A Red, Red Rose
Robert Burns

O, my lure's like a red, red rose.
That's newly sprung in June;
O, my lure's like the melodic,
That's sweetly play's in tune.
As fair art thou, my bonnie lass,

So deep in luve am I,
And I will luve thee still, my dear,
Till a'the seas gang dry.
Till a'the seas gang dry, my dear,
And the rocks melt wi'the sun!
And I will lure thee still, my dear,
While the sands o'life shall run.
And fare thee weel, my only lure.
And fare thee weel a while!
And I will come again, my lure,
Tho' it were ten thousand mile!

我的爱人像朵红红的玫瑰
罗伯特·彭斯

呵,我的爱人像朵红红的玫瑰,
六月里迎风初开;
呵,我的爱人像支甜甜的曲子,
奏得合拍又和谐。
我的好姑娘,多么美丽的人儿!
请看我,那么深挚的爱情!
亲爱的,我永远爱你。
纵使大海干涸水流尽。
纵使大海干涸水流尽,
太阳将岩石烧作灰
亲爱的,我永远爱你,
只要我一息犹存。
珍重吧,我唯一的爱人,
珍重吧,让我们暂时别离,
但我定要回来,
哪怕千里万里!

(王佐良译)

将原文和译文进行对比可以看出,译文既没有被原文的形式所限制,也没有完全脱离原文形式,而是在能够对原文进行准确翻译的基础上,对原文的结构进行了调整,这对原文内容描写和情感表达起到重要作用。

(二)散文的翻译

通常情况下,散文有两种形式,即正式性散文和非正式性散文。正式性散文具有较强的逻辑性,结构较为严谨,遣词用句也十分讲究;非正式散文具有结构松散、语言直白、行文自然的特点。由于散文在描写目的和手法方面存在不同,因此又可以分为说明文、记叙文和议论文等多种不同形式。下面以说明文为例进行举例介绍。[①]

说明文是一种针对某一主题进行阐释的文章。换句话来说,说明文是一种对事物进行全方位阐释的文章,具有包括事物特点、状态、性质、功能、发生、发展、结果等方面。在写作过程中,要遵循用词准确、逻辑严密、结构严谨的文体特点。所以,在进行说明文翻译时也要考虑以上因素,要在选词造句方面不断斟酌。例如:

Hence it is that it is almost a definition of a gentleman to say he is one who never inflicts Pain. This description is both refined and, as far as it goes, accurate. He is mainly occupied in merely removing the obstacles which hinder the free and unembarrassed action of those about him; and he concurs with their movements rather than takes the initiative himself. His benefits may be considered as parallel to what are called comforts or conveniences in arrangements of a Personal nature; like an easy chair or a good fire, which do their part in dispelling cold and fatigue, though nature provides both means of rest and animal heat without them. The true gentleman in like manner carefully avoids whatever may cause a jar or a jolt in the minds of those with whom he is cast-all lashing of opinion, or collision of feeling, all restraint, on suspicion, or gloom, or resentment. his great concern being to make every one at their ease and at home. He has his eyes on all his company: he is tender towards the bashful, gentle towards the distant, and merciful towards the absurd; he can recollect to whom

---

[①] 黄敏,邹宇锋,陆道恩.英美文学翻译理论及翻译教学实践研究[M].北京:新华出版社,2016:96.

第八章　英语文学文体翻译

he is speaking; he guards against unseasonable allusions, or topics which may irritate? He is seldom prominent in conversation, and never wearisome. He makes light of favors while he does them, and seems to be receiving when he is conferring. He never speaks of himself except when compelled never defends himself by a mere retort; he has no ears for slander or gossip, is scrupulous in imputing motives to those who interfere with him. And interprets everything for the best. He is never mean or little in his disputes. never lakes unfair advantage, never mistakes personalities or sharp sayings for arguments, or insinuates evil which he dare not say out.

(John Henry Newman: *Definition of a Gentleman*)

如把绅士说成是一个从不伤害别人的人,这大概就是绅士的定义。这种说法很精练。他能记得在对谁说话,警惕不做不恰当的暗示,也不谈令人生气的话题。在谈话中他很少显示自己,但也从不令人生厌。他帮别人的忙毫不在意,倒像别人在帮他的忙。除非被迫,否则他从不谈及自己,也从不反唇相讥来为自己辩护。他不听诽谤和闲话。有人妨害了他,他总是谨慎对待,不去怪罪他们,而从最好的方面来解释一切。他在争论中从不偏狭小气,从不利用不公的优势,从不把人身攻击或尖锐言辞错当成辩论,也从不含沙射影地暗示他不敢说出的坏话。

《绅士的界说》是一篇典型的说明文,这是其中的一段。文章给绅士下了一个简短、精练、不同凡响的定义,颇出人意料,使人为之耳目一新。绅士是"一个从不伤害别人的人"。这是总的界说。然后作者从各个具体方面来列举其表现,主要讲的是他的人际关系和待人接物的态度,这就和定义密切呼应起来。在翻译时必须牢牢把握住这一角度,才能对一些词和句有正确的理解,也才能将其恰如其分地译成汉语。例如,在 he concurs with...initiative himself 一句中 concurs with their movements 和 takes initiative 是一双相对的短语,表明了两种不同的态度,译文译成"支持别人的行为,自己却不采取主动"较好地表达了对立的含义。下一长句"His benefits..."比较难译。例如,将"His benefits..."按字面译成"他的利益"必然会引起误会。从整个句子来看"他"被比作"一张安乐椅"或"一堆温暖的火",可见是对别人而言,故译文译成"他的长处",后面 in arrangements of a personal nature 也不能直译为"个人性质的安排",而应译成"给个人提供了安排"。在"He is never mean...say out"这一句中，mean 和 little 是两个极普通、常见的形容词，但这里却有特别的意义，因为它们被用来形容在辩论中对待别人的态度。译文译成"偏狭小气"正是从这一角度出发的。最后一句中的 personalities 为复数形式，不同于其一般的用法，此处应为"攻击""诽谤"的意思。译文将其译成"人身攻击"较准确地表达了原词的含义。

从以上例子可以看出在翻译说明文时，对词、句精确意义的研究十分重要。而要想深刻地理解词句以做到准确的翻译，不可不从宏观上掌握全篇的主旨和作者写作的角度。

在本文中作者使用的一个突出的修辞手段为平行结构，以体现均衡的艺术美。在翻译时必须尽量将这优美的形式再现出来。例如，将 clashing of opinion, or collision of feeling 译成"意见的冲突或感情的抵触"，将 at their ease and at home 译成"心情舒畅，无拘无束"，将 tender towards the bashful, gentle towards the distant, and merciful towards the absurd 译为"对羞怯的人温柔体贴，对疏远的人和蔼可亲，对荒唐的人宽宏大度"等，均较成功地再现了原文的平行结构。

（三）戏剧对白的翻译

就戏剧翻译而言，制约其翻译策略的因素主要有戏剧翻译的特点、戏剧翻译的性质与任务、戏剧语言的特点，以及综合这些因素而确定的戏剧翻译的原则、戏剧的翻译对象和戏剧翻译的单位等。由于戏剧翻译的特殊性，如受简洁性、即时性、动作性、可演性和大众性等的制约，译文内容与原文一致的重要性相比于形式对等更显突出。但是，这并不意味着只顾内容而完全放弃形式。所谓内容忠实原则，是指戏剧翻译的译文首先要力求忠实于原作内容。

这是戏剧翻译的基本要求。这里所说的内容包括：（1）人物语言虽然包括对白、独白和旁白等几个部分，但是只有对白是人物语言的主体，因此戏剧翻译的主要研究对象是人物对白；（2）戏剧翻译的特殊性要求在具体的翻译实践中兼顾演员的表情、动作，以及观众的接受度；（3）戏剧翻译必须考虑戏剧表演有其特定的时空限制。

戏剧区别于其他文学体裁的本质属性便是以舞台演出为目的。所以，戏剧文学作品中，演员、观众同读者一样成为需要考虑的、重要的和不可或缺的部分。在戏剧翻译过程中，译者要始终以演员的表演和观众的接受能力作为翻译策略选择的依归。正如 Sirkku Aaltonen 所说，

第八章　英语文学文体翻译

"因为在戏剧翻译中,有些符号需进行诠释才能表示目的语社会的符号。这就有助于说明,为什么会优先使用某一种翻译策略,为什么在某个地方可能会摒弃一种翻译策略,而在另一个地方它却可能被我们所接受"(Aaltonen)。以下是几种常用的翻译方法。

1. 文内增译法

由于剧本舞台表演的即时性,翻译中一般不宜采用文后加注的方法。通常情况下,文内增译(文内加词法)是大多数戏剧翻译工作者经常使用的翻译方式。受到戏剧文本独有的语言特点和各国文化差异的影响,剧作家对于一些不需要过多赘述的、源语观众所熟识的环境信息常常省去,但是这些省略常使目的语观众产生理解的障碍,所以译者需要在译文中加入一些语境信息,如利用词或短语等形式补充源语中省略的文化内容,帮助目的语观众理解。除此之外,这种翻译方式对于译者提出了更高的要求,经过实践证实,文内增译法会使译文看起来简单明了,非常适合舞台演出这种形式,所以被目的语受众广为接受。例如:

梳着个霜雪般白髻鬏,怎戴那销金锦盖头。

(关汉卿《窦娘冤》)

Now your hair is as white as snow,
How can you wear the bright silk veil of a bride?

(杨宪益、戴乃迭译)

又无羊酒段匹,又无花红财礼。

(关汉卿《窦娥冤》)

He never sent you wedding gifts:
Sheep, wine, silk or money.

(杨宪益、戴乃迭译)

在此两例中"金锦盖头"指的是中国古代新娘的特有装饰,而"羊酒段匹"和"花红财礼"都是传统的结婚聘礼。这些对中国观众来讲都是常识性的知识,因而不会成为理解的障碍。但对于不谙中国文化传统的外国观众,可能会产生理解上的困难。为了弥补这个文化信息,杨宪益、戴乃迭分别增译了两个上义词组 of a bride 和 wedding gifts,这样就很好地填补了目的语观众的文化空白。

2. 替代法

有时,源语中所包含的某些对白文字的文化区域性特征过强,在译语观众固有的认知结构中缺乏,而在有限的戏剧时空中又无法补充,同时该内容又是不可或缺的组成部分。这时,译者就可考虑使用替代法的翻译方法,将原句中这些文字"化"去,而采用译语观众可以理解的词语取而代之。

替代法是戏剧翻译中常用的方法,它是一种归化译法,即用本民族观众能理解的事物或说法去替代异文化中特有的事物。试看下面的翻译。

苏连玉:三石芝麻。

(锦云《狗儿爷涅槃》)

Su Liangyu: Eight bushels of sesame seeds.

(英若诚译)

苏连玉:嫂子,这是五十斤豌豆,先凑合吃。

(锦云《狗儿爷涅槃》)

Su Liangyu: Sister, here's a sack of beans, twenty-five kilos, take it.

(英若诚译)

Maryk: We crawled under the boilers and pulled out the lead ballast blocks, two hundred pounds apiece.

(赫尔曼·沃克《哗变》)

玛瑞克:连锅炉底下都爬到了,把那些压船用的、每块九十公斤的铅块都搬出来。

(英若诚译)

在人类漫长的历史中,不同的民族形成了自己的度量衡制。西方国家有英里、英尺和英寸,中国有丈、尺、寸等。当这些不同的度量单位出现在戏剧对语中时,为了使戏剧观众尽快理解话语的意义,替代法是最直接和实用的翻译方法。

3. 变通法

在戏剧的交际功能上,原文和译文应取得某种相似的交际效果。只要实现了原文的交际功能,译文的目的在某种程度上也就实现了。因此，戏剧翻译中如遇到特具文化特征的概念，或一字半句难以解释的词语，可以根据自己对源语观众和目的语观众认知环境的了解，采用变通翻译的方法，选择适合于译入语观众的表达方式来示意作者的交际意图。例如：

Howard: Kid I can't take blood from a stone.

（米勒《推销员之死》）

霍华德：我从石头里可挤不出水来啊，老兄。

（英若诚译）

霍华德：老兄，石头里可榨不出油来。

（陈良延译）

由于威利年迈体弱，无法继续从事推销的业务，他的老板霍华德拒绝给他发放薪金。英文 I can't take blood from a stone，表明了霍华德冷酷无情的态度。以上两位译者都放弃了对原文 blood 的字面直译，而分别译为"水"和"油"。但比较这两种变通翻译，陈译比英译更胜一筹，因为中国人更习惯于用"油"来指钱和财富，如"富得流油""揩油"等，因此陈译更易于被目的语观众理解。

4. 删译或弃译法

戏剧文本中有时会出现这样一些信息内容，它们对译语观众在有限时空中的认知活动无关紧要，甚至毫不相关，或者在译语观众固有的认知结构中缺乏这些知识。对于这些信息，译者可以采取删译或者弃译的方法，以凸显相关性更强的信息。例如：

Linda: Biff, you can't look around all your life, can you?

Biff: I just can't take hold, mom. I can't take hold of some kind of a life.

Linda: Biff, a man is not a bird, to come and go with the springtime.

（米勒《推销员之死》）

林达：比夫，你总不能一辈子老是到处看看不是？
比夫：我就是待不住，妈。让我一辈子就干一件事，我办不到。
林达：比夫，人不能像鸟似的，整天飞。

（英若诚译）

这段对话的关键点在林达的台词中。她对比夫四处游逛的生活习惯很是不满，并带着忧伤劝告儿子，人不是飞来飞去的鸟。英译用"整天飞"三个字非常完美地再现了原文的含义。这个精练的译文也符合舞台戏剧语言的需要。试想,此句如译为"春天来了就飞来,春天去了就飞去",就会失去戏剧语言的简洁美。

5. 释译法

从社会、历史、文化等角度出发,源语和目的语都存在着一定的差异,源语戏剧的台词常使用一些具有特定文化意义的词语,这些都是译文读者并不知情的,也是他们并不熟悉的领域,有些甚至很难被读者接受与理解。假如一些被直译的词不能让读者理解,就会造成源语意图不明的窘迫。因此,在翻译时,译者要采用恰当的翻译方式,使译文向准确简明的方向上靠拢。请看以下例句。

莫不是前世里烧香不到头,这前程事一笔勾。

(关汉卿《窦娥冤》)

Did I burn too little incense in my last life?
That my marriage was unlucky?

(杨宪益、戴乃迭译)

莫不是八字儿该载着一世忧。

(关汉卿《窦娥冤》)

Is it my fate to be wretched all my life?

(杨宪益、戴乃迭译)

伴随着社会的发展与进步,各民族逐渐形成能够代表本民族特色的宗教文化。在汉语戏剧文本中就较高频率地出现了带有宗教色彩的词汇,如西天、化缘、净土、因缘、罪过、忏悔、极乐世界等。翻译工作者在面对这些宗教词汇时要采用适当的翻译方法进行处理,运用译文国家所熟悉的表达方式和典故来重现源语中那些具有宗教意义的词汇,也可以采用释译的方式将原文进行翻译,以便被广大译入语受众接受。

第一个例子描述的是窦娥感叹自己身世的各种不幸。窦娥是广大劳苦大众的典型代表,她的思想受到当时主流宗教思想——佛教的深刻影响,所以对于"八字""烧香"这些词从她嘴里说出就显得十分合理。然而在面对西方受众时,这些宗教词语就显得格格不入,西方人都信奉基督教,对于佛教的相关信息没有太多了解,因此窦娥口中所述的词语对他们来说可能是不可思议的。显然,第二个例子的译文对"八字"做了释译,而第一个例子中 burn incense 的翻译是不太能为西方观众所接受的，此句似可释译为：Did I pray too little in my last life that I am so miserable in this life?

戏剧作为文学的一种特殊表现形式，具有不同于其他文学形式的特殊性，它反映社会各阶层形形色色人物的生活。无论是平民百姓，还是达官贵人，通过戏剧语言的表达，其人物形象立刻就展现在戏剧舞台上。戏剧语言的特殊性决定了戏剧翻译方法的特殊性，戏剧翻译更注重语言的直接效果。因此，戏剧译文语言不仅要简练准确，雅俗共赏，更需要丰富的艺术内涵。作为戏剧翻译者，只有充分熟悉戏剧语言的特点和戏剧文体对翻译产生的影响，掌握戏剧翻译的宏观策略和基本方法，才能在翻译的策略和方法的选择上游刃有余，在最大程度上再现原文语言的意义与功能。

6. 异化与归化

实际上，异化和归化是对直译和意译的不断拓展与延伸。翻译中语言的表达方式问题是直译和意译要讨论的主要问题，翻译过程中的文化移植是异化和归化所讨论的主要问题。异化翻译将原文作者和源语作为翻译的基础，而归化翻译则是将读者和目的语作为翻译的主要依据。一些支持异化翻译的学者，通常将翻译视为一种文化交流的形式，主张将深入学习他国文化和风俗人情作为阅读的目的。

除此之外，对源语文化加以保留也能够进一步完善目的语文化。所以，译文只有传达出与之相对应的源语文化，才是忠于原文的表现。而一些支持归化翻译的学者认为，翻译工作除了要克服语言的障碍之外，更要克服文化的障碍。避免文化冲突是翻译工作者的主要任务之一，而归化翻译能够帮助读者充分理解原文，扫清障碍，进而达到文化交流的目的。

美国异化翻译的发表人物有韦努蒂（Lawrence Venuti），他认为异化翻译方法来源于19世纪德国哲学家Schleiermacher所提出的相关翻译的学说，翻译工作者应尽量保留原文意图并对读者加以引导（Venuti）。韦努蒂提到，异化翻译法是十分必要的，尤其适用于一味使用单语并笼统强调归化翻译的权威性与标准化的情况。

异化法适用于那些对当时社会情况需要做出干预、管控的策略，换句话说，这是对主导文化心理的一种挑战。限制译文中别国的文化因素，尽可能地使用与本国文化相关的内容。韦努蒂认为异化翻译需要坚守本民族的文化特点,将目的语中加入别国语言文化中的差异因素,使读者感受别国的风土人情、文化特色等(Venuti)。奈达(Nida)是主张归化翻译的典型代表,他站在社会和文化的视角,将译文的读者放在首要位置,认真剖析了原文背后的文化价值,提出了"最切近的自然的对等"的理念,奈达多次强调其观点,即译文大致可以被视为源语信息最贴切的自然平衡。

国内有学者认为,"归化是翻译的歧路""是对原文的歪曲"(刘英凯)。许崇信认为,从文化交流的角度看,归化"整体上来说是不科学的,无异于往人身上输羊血,得到的不是文化交流,而是文化凝血"。冯建文则认为,"文学翻译中译文归化与保存异域情趣并不矛盾"。

如果考虑到作者的意图、文本的类型、翻译的目的和读者的层次和要求,异化和归化的译法均有其存在和应用的价值。以上两种翻译形式都有各自的优点,并适用于不同性质的翻译文本,表达不同的作者意图,满足读者不同种类的需求。这两种翻译形式并不是互相排斥的关系,它们相辅相成,互为补充。相对来讲,异化翻译更加接近原文,归化翻译则更加接近目的语或目的语读者。二者某些地方存在交叉、重叠的现象,但也有着较为明显的区别。其中最大的区别就在于对外来文化的态度。

[内容小结]

本章重点对英语文学文体的翻译进行了探究,首先对文学文体进行了概括论述,然后对英语文学文体的语言特征进行了详细分析,接着重点说明了英语文学文体的翻译原则与方法,最后举例说明了英语文学文体翻译实践。总体而言,要想准确地翻译英语文学文体,就要在了解文学文体基础内容及其语言特征的基础上,把握一定的原则,并灵活运用各种翻译方法,同时进行大量的翻译实践。

[翻译练习]

BIFF: Dad, I flunked math.

WILLY: Not for the term?

BIFF: The term. I haven't got enough credits to graduate.

WILLY: You mean to say Bernard wouldn't give you the answers?

BIFF: He did, he tried, but I only got a sixty-one.

WILLY: And they wouldn't give you four points?

第八章　英语文学文体翻译

BIFF: Birnbaum refused absolutely. I begged him, Pop, but he won't give me those points. You gotta talk to him before they close the school. Because if he saw the kind of man you are, and you just talked to him in your way, I'm sure he'd come through for me. The class came right before s practice, see, and I didn't go enough. Would you talk to him? He'd like you, Pop. You know the way you could talk.

WILLY: You're on. We'll drive right back.

BIFF: Oh, Dad, good work! I'm sure he'll change it for you!

WILLY: Go downstairs and tell the clerk I'm checkin out. Go right down.

BIFE: Yes, sir! See, the reason he hates me, Pop—one day he was late for class so I got up at the blackboard and imitated him. I crossed my eyes and talked with a lithp.

WILLY (laughing): You did? The kids like it?

BIFF: They nearly died laughing!

WILLY: Yeah? What'd you do?

BIFF: The square root of thixthy two is... (Willy bursts out laughing; Biff ioins him.) And in the middle of it he walked in!

[参考译文]

比夫：爸，我数学不及格。

威利：不是学期考试吧。

比夫：是学期考试。我学分不足，不能毕业。

威利：你是说伯纳德不肯给你答案。

比夫：他给了，他出过力了，可我只得了六十一分。

威利：他们就此不肯给你四个学分？

比夫：伯恩鲍姆死也不肯。我求他了，爸，可他就是不肯给这个学分。趁学校还没放假，您一定得去跟他说说情。他要是看出您是什么人，您就尽量跟他磨嘴皮子，管保这一说他准帮我忙。他的课老是排在练球时间的前面，弄得我常常旷课。您跟他说说情好吗？他会喜欢您的，爸。您能说会道。

威利：放心吧。咱们马上开车回去。

比夫：哎呀，爸，真太好了！他管保会看在您的份上改变主意！

威利：下楼去，告诉旅馆职员我结清账就走。快下去。

比夫：是，遵命！您瞧，爸，他见我就恨的原因是——有一天他上课迟到了，所以我就站在黑板前学他那副腔调。我就斜着眼睛，大着舌头讲话。

威利：（笑）真的啊？孩子们喜欢吗？

比夫：他们差点笑死了！

威利：哦？你怎么学的？

比夫：柳丝儿（六十二）的冰（平）方根是——（威利哗的一声笑了出来；比夫陪着大笑）正巧学到一半他走进来了。

参考文献

[1] 白靖宇. 文化与翻译(修订版)[M]. 北京：中国社会科学出版社，2010.

[2] 陈福康. 中国译学理论史稿[M]. 上海：上海外语教育出版社，2000.

[3] 陈海贝，魏晓斌，辛瑞青. 专门用途英语教学理论与实践研究[M]. 北京：中国书籍出版社，2015.

[4] 陈可培，边立红. 应用文体翻译教程[M]. 北京：对外经济贸易大学出版社，2012.

[5] 陈坤林，何强. 中西文化比较[M]. 北京：国防工业出版社，2012.

[6] 陈明瑶，卢彩虹. 新闻英语语体与翻译研究[M]. 北京：国防工业出版社，2006.

[7] 陈新. 英汉文体翻译教程[M]. 北京：北京大学出版社，1999.

[8] 单宇，严安，熊卉. 科技英语学习策略与研究[M]. 长沙：湖南人民出版社，2009.

[9] 杜志峰，李瑶，陈刚. 基础影视翻译与研究[M]. 杭州：浙江大学出版社，2013.

[10] 段云礼. 实用商务英语翻译[M]. 北京：对外经济贸易大学出版社，2009.

[11] 方梦之，毛忠明. 英汉—汉英应用翻译教程[M]. 上海：上海外语教育出版社，2005.

[12] 方梦之. 英语科技文体 范式与应用[M]. 上海：上海外语教育出版社，1998.

[13] 冯莉. 商务英语翻译[M]. 长春：吉林出版集团有限责任公司，2010.

[14] 傅敬民. 实用商务英语翻译教程[M]. 上海：华东理工大学出

版社,2011.

[15] 高华丽.翻译教学研究:理论与实践[M].杭州:浙江大学出版社,2008.

[16] 高华丽.中外翻译简史[M].杭州:浙江大学出版社,2009.

[17] 高永照,程勇.科技英语的文体写作与翻译(修订版)[M].北京:学苑出版社,2001.

[18] 顾铭新.中国现代应用文全书[M].长春:时代文艺出版社,1995.

[19] 顾雪梁,李同良.应用英语翻译[M].杭州:浙江大学出版社,2009.

[20] 郭建中.当代美国翻译理论[M].武汉:湖北教育出版社,2001.

[21] 郝丽萍,李红丽,白树勤.实用英汉翻译理论与实践[M].北京:机械工业出版社,2006.

[22] 何江波.英汉翻译理论与实践教程[M].长沙:湖南大学出版社,2010.

[23] 何自然.语用学与英语学习[M].上海:上海外语教育出版社,1997.

[24] 贺学耘.翻译理论综合案例教学:中西方译学理论选介[M].北京:中国人民大学出版社,2010.

[25] 贺雪娟.商务英语翻译教程[M].北京:外语教学与研究出版社,2007.

[26] 华先发.翻译与文化研究(第2辑)[M].武汉:长江出版社,2009.

[27] 黄成洲,刘丽芸.英汉翻译技巧[M].西安:西安工业大学出版社,2008.

[28] 黄敏,邹宇锋,陆道恩.英美文学翻译理论及翻译教学实践研究[M].北京:新华出版社,2016.

[29] 黄勇.英汉语言文化比较[M].西安:西北工业大学出版社,2007.

[30] 贾文波.应用翻译功能论(第2版)[M].北京:中国对外翻译出版公司,2012.

[31] 江峰,丁丽军.实用英语翻译[M].北京:电子工业出版社,2009.

[32] 蒋瑞松,张磊,郑斯雄.简明科技文体写作[M].上海:学林出版社,1989.

[33] 景志华,孙东菱.实用英语翻译[M].北京:中国电力出版社,2013.

[34] 李建军.新编英汉翻译[M].上海:东华大学出版社,2004.

[35] 李明.翻译批评与赏析(2版)[M].武汉:武汉大学出版社,2010.

[36] 李明.商务英语翻译(英译汉)[M].北京:高等教育出版社,2007.

[37] 连淑能.英汉对比研究[M].北京:高等教育出版社,2010.

[38] 梁田.汉英时文翻译技巧与实践[M].哈尔滨:哈尔滨工程大学出版社,2009.

[39] 廖瑛,莫再树.国际商务英语语言与翻译研究[M].北京:机械工业出版社,2004.

[40] 林莉.专门用途英语课程与教学研究[M].北京:中国商务出版社,2011.

[41] 刘军平.西方翻译理论通史[M].武汉:武汉大学出版社,2009.

[42] 刘曼华,赵坤.商务英语翻译[M].北京:中国商务出版社,2014.

[43] 刘其中.新闻翻译教程[M].北京:中国人民大学出版社,2004.

[44] 刘小蓉,庞茜之,刘华.英语实用文体与翻译研究[M].长春:吉林大学出版社,2012.

[45] 刘肖岩.论戏剧对白翻译[M].北京:中国人民公安大学出版社,2004.

[46] 刘心全.英语的科技文体与写作概论[M].武汉:中国地质大学出版社,1996.

[47] 卢敏.英语法律文本的语言特点与翻译[M].上海:上海交通大学出版社,2008.

[48] 卢思源.新编实用翻译教程英汉互译[M].南京:东南大学出版社,2008.

[49] 罗新璋.翻译论集[M].北京:商务印书馆,1984.

[50] 冒国安.实用英汉对比教程[M].重庆:重庆大学出版社,2004.

[51] 潘红. 商务英语英汉写作教程 [M]. 北京：中国商务出版社, 2004.

[52] 裴显生, 刘海涛, 戴冠青, 祝德纯, 王林发, 邓晓成, 刘天平. 文学写作教程（第2版）[M]. 北京：高等教育出版社, 2015.

[53] 彭萍. 实用旅游英语翻译：英汉双向 [M]. 北京：对外经济贸易大学出版社, 2010.

[54] 秦秀白. 英语语体和文体要略 [M]. 上海：上海外语教育出版社, 2002.

[55] 史晓平. 英语新闻学基础 [M]. 长春：吉林出版集团有限责任公司, 2009.

[56] 思果. 翻译研究 [M]. 北京：中国对外翻译出版公司, 2001.

[57] 宋雷, 张绍全. 英汉对比法律语言学：法律英语翻译进阶 [M]. 北京：北京法学出版社, 2010.

[58] 孙致礼. 新编英汉翻译教程 [M]. 上海：上海外语教育出版社, 2003.

[59] 谭载喜. 西方翻译简史（增订本）[M]. 北京：商务印书馆, 2004.

[60] 田传茂. 大学科技英语 [M]. 武汉：湖北科学技术出版社, 2007.

[61] 汪德华. 中国与英美国家习俗文化比较 [M]. 杭州：浙江大学出版社, 2011.

[62] 王春梅. 简明英汉翻译实用教程 [M]. 郑州：黄河水利出版社, 2008.

[63] 王芳. 文化传播美学与诗歌翻译 [M]. 成都：电子科技大学出版社, 2009.

[64] 王宏印. 文学翻译批评论稿（2版）[M]. 上海：上海外语教育出版社, 2010.

[65] 王森林, 肖水来, 吴咏花, 吴玥璠, 熊鹰飞. 商务英语翻译 [M]. 武汉：武汉大学出版社, 2013.

[66] 王卫平, 潘丽蓉. 英语科技文献的语言特点与翻译 [M]. 上海：上海交通大学出版社, 2009.

[67] 王焱, 魏芳. 现代实用文体的写作与修辞探究 [M]. 北京：中国纺织出版社, 2018.

[68] 王燕希. 广告英语 [M]. 北京：对外经济贸易大学出版社, 2004.

[69] 魏海波. 实用英语翻译 [M]. 武汉：武汉理工大学出版社, 2009.

[70] 温晶晶,王丽,孙先武,代增真,邵杰,樊晓云.商务英语写作、翻译理论与实践[M].北京:中国水利水电出版社,2015.

[71] 吴玥璠,熊鹰飞,王森林,肖水来,吴咏花,叶会,刘军平.汉英翻译教程[M].武汉:武汉大学出版社,2014.

[72] 武锐.翻译理论探索[M].南京:东南大学出版社,2010.

[73] 夏廷德,马志波.实用新闻英语翻译[M].北京:对外经济贸易大学出版社,2010.

[74] 谢屏,刘育文.实用英语翻译[M].长沙:湖南师范大学出版社,2009.

[75] 谢天振等.中西翻译简史[M].北京:外语教学与研究出版社,2009.

[76] 辛凌,王婷.大学英语实用翻译教程[M].重庆:重庆大学出版社,2009.

[77] 徐章宏.法律英语写作教程[M].北京:对外经济贸易大学出版社,2007.

[78] 严明.跨文化交际理论研究[M].哈尔滨:黑龙江大学出版社,2009.

[79] 严明.应用法律英语写作[M].长春:吉林出版社集团有限责任公司,2010.

[80] 颜林海.英汉互译教程[M].北京:科学出版社,2015.

[81] 杨丰宁.英汉语言比较与翻译[M].天津:天津大学出版社,2006.

[82] 杨莉,王美华,马卫华.翻译通论[M].北京:中国纺织出版社,2019.

[83] 杨贤玉.英汉翻译概论[M].武汉:中国地质大学出版社,2010.

[84] 杨元刚,赵巧云,余承法.新编汉英翻译教程[M].武汉:华中师范大学出版社,2012.

[85] 殷莉,韩晓玲.英汉习语与民俗文化[M].北京:北京大学出版社,2007.

[86] 玉国.新编新闻写作技巧与范例[M].北京:蓝天出版社,2004.

[87] 岳海翔.应用文书写作 要领与范文[M].北京:中国言实出版社,2008.

[88] 张保红.文学翻译[M].北京:外语教学与研究出版社,2010.

[89] 张培基.英汉翻译教程(修订版)[M].上海:上海外语教育出版社,2009.

[90] 张全.全球化语境下的跨文化翻译研究[M].昆明:云南大学出版社,2010.

[91] 张万防,黄宇洁,翟长红,张亮平,肖芳.翻译理论与实践简明教程[M].武汉:华中科技大学出版社,2015.

[92] 张燕红,宋阳明.英语翻译与写作技巧研究[M].成都:电子科技大学出版社,2017.

[93] 赵秀明,赵张进.英美散文研究与翻译[M].长春:吉林大学出版社,2010.

[94] 钟书能.英汉翻译技巧[M].北京:对外经济贸易大学出版社,2010.

[95] 朱惠萍.商务英语写作[M].北京:首都经济贸易大学出版社,2008.

[96] 朱伊革.英语新闻的语言特点与翻译[M].上海:上海交通大学出版社,2008.

[97] 楚金金.文化差异对商务英语翻译的影响[J].齐齐哈尔师范高等专科学院学报,2011(6).

[98] 何芸,高永刚,黄波.浅析文化差异与英语写作[J].高等教育研究学报,2005(3).

[99] 李萍凤.英汉商业广告翻译中的文化及语言差异[J].对外经贸实务,2011(7).

[100] 王丽.影视语言特点及翻译策略探析[J].电影文学,2011(3).

[101] 王敏.英汉构词法对比[J].读与写杂志,2011(3).

[102] 王蕊.建构主义理论视角下英文影片字幕翻译策略[J].东西南北,2020(11).

[103] 吴菲菲,居雯霞,殷炜淇.语域顺应与小说对话翻译的研究——以《傲慢与偏见》人物对话为例[J].上海商学院学报,2011,12(S1).

[104] 肖唐金.英语词语用法的情感意义[J].金筑大学学报,1999(1).

[105] 徐艳丽.包头市公示语英译现状与对策分析[J].海外英语,2014(20).

[106] 曾玉洪.论文化转向对商务英语翻译的启示[J].西南民族大学学报,2011（S2）.

[107] 张法连.影视片名翻译原则与策略探究[J].聊城大学学报,2009（2）.

[108] 周莉莉.影视翻译的特点及技巧[J].安庆师院社会科学学报,1997（3）.